ÉLÉMENTS

DE

GRAMMAIRE FRANÇOISE.

ELÉMENTS

DE

GRAMMAIRE FRANÇOISE,

PAR MM. A. D.*** ET P.***,

DU LYCÉE IMPÉRIAL.

A PARIS,

Chez { HÉNÉE, impr.-libr. au bas du Pont Saint-Michel,
n.º 3, ancienne maison de feu M. KNAPEN.
BILLOIS, libraire, quai des Augustins, n.º 31.

M D. CCC. V.

AVANT-PROPOS.

LES ÉLÉMENTS DE GRAMMAIRE que nous donnons au public, sont moins notre ouvrage que celui des Grammairiens les plus distingués. C'est dans les écrits des savants de Port-Royal, de Dumarsais, Beauzée, d'Olivet, de Wailly, Sicard, que nous avons puisé, comme dans autant de sources abondantes; et nous nous sommes fait une loi de n'avancer rien que nous ne puissions étayer de l'autorité de quelqu'un de ces grands maîtres. De la comparaison de leurs principes et de leurs divers systêmes, nous avons formé ce petit corps de doctrine, où nous présentons à l'enfance des préceptes plutôt que des raisonnements; et, en cela, nous avons suivi l'exemple de M. Lhomond, dont les ouvrages de grammaire sont, sans contredit, à cet égard, des modèles de clarté, de simplicité et de précision.

Peu disposés à admettre des innovations, à moins qu'elles n'aient un but d'utilité bien marqué, nous les avons évitées avec soin, particulièrement dans les mots : aussi avons-nous conservé, presque sans restriction, le langage des écoles, non que nous le croyions toujours exact, mais uniquement parce que l'usage l'a consacré.

Quelques personnes peut-être, par l'habitude qu'elles ont de considérer certains points de grammaire sous un aspect différent de celui sous lequel nous les envisageons, nous accuseront d'être tombés dans le défaut que nous prétendons éviter ; nous ne le croyons pas : et si l'on trouve dans cet ouvrage quelques idées qui, au premier coup d'œil, semblent nouvelles, en les examinant avec plus d'attention, on s'appercevra bientôt que, dans le fond, elles sont conformes aux principes de nos Grammairiens les plus célèbres.

C'est d'après ces principes, par exemple, que nous avons rendu à la classe des adjectifs beaucoup de mots rangés, à tort, dans celle des pronoms ; et que nous avons élagué une foule d'expressions ou de phrases adverbiales ou conjonctives, mal-à-propos regardées comme des adverbes ou des conjonctions simples.

C'est encore d'après les mêmes principes, que nous avons réduit à huit les différentes espèces de mots, en rangeant dans la classe des adjectifs l'*article* et le *participe*. Nous ne pensons pas qu'il soit nécessaire de motiver ces changements, et quelques autres semblables. Nous ne manquerions pourtant, pour le faire, ni de bonnes raisons, ni d'autorités. Mais il suffit que nous les annoncions, c'est au lecteur à les apprécier.

Nous nous sommes efforcés surtout de rendre la théorie des verbes aussi complète qu'il nous a été possible. C'est dans cette vue que nous avons placé, à la fin du chapitre des verbes, deux tableaux, à l'aide desquels, avec un peu d'intelligence, les enfants peuvent seuls, et sans le secours des maîtres, conjuguer tous les verbes de la langue française.

Nous ne nous étendrons pas davantage sur ce petit ouvrage. Nous laissons aux maîtres

*

habiles le soin de le juger. C'est, en effet,
par leur propre expérience, bien plutôt que
par tout ce que nous pourrions ajouter en
faveur de notre travail, qu'ils connoîtront
dans quel esprit, et d'après quels principes
il a été rédigé. S'ils daignent l'accueillir, et
le faire servir de texte à leurs leçons, nous
nous féliciterons d'avoir donné un livre utile,
et qui puisse contribuer à aplanir les dif-
ficultés qui arrêtent, à chaque instant, les
premiers pas de l'enfance dans la carrière
des études.

ÉLÉMENTS

DE

GRAMMAIRE FRANÇOISE.

NOTIONS PRÉLIMINAIRES.

LA *Grammaire Françoise* est l'art de prononcer et d'écrire correctement les mots de la langue françoise.

Les *mots* sont les signes de nos idées. Ils sont composés de *syllabes*. Une syllabe est un son de voix.

On représente les syllabes par un ou plusieurs caractères d'écriture, qu'on appelle *lettres* (1).

La collection de toutes les lettres d'une langue s'appelle *alphabet*.

Les lettres de la langue françoise sont : *a*, *b*, *c*, *d*, *e*, *f*, *g*, *h*, *i*, *j*, *k*, *l*, *m*, *n*, *o*, *p*, *q*, *r*, *s*, *t*, *u*, *v*, *x*, *y*, *z*.

Il y a deux sortes de lettres : les *voyelles* et les *consonnes*.

Les voyelles sont, *a*, *e*, *i*, *o*, *u* et *y*. On les appelle voyelles du mot voix, parce que, seules, elles forment un son, une voix.

Toutes les autres lettres sont des conson-

---

(1) Nous avons donné à toutes les lettres le genre masculin, en adoptant l'appellation moderne.

nes, ainsi appelées, parce qu'elles ne forment un son qu'avec le secours des voyelles.

Il y a trois sortes d'*e* : l'*e* ouvert ; comme dans ces mots, *accès*, *procès*, *succès*.

L'*e* fermé ; comme dans *bonté*, *vérité*.

L'*e* muet ; comme dans *homme*, *monde*.

La différence du son de ces trois sortes d'*e* est sensible dans *fermeté*, *honnéteté*, où le premier *e* est ouvert, le second muet, et le troisième fermé.

Il y a deux sortes de *h* : le *h* muet, et le *h* aspiré.

Le *h* muet est celui qui ne se fait point sentir dans la prononciation ; Ex. : *homme*, *honneur*, *histoire*, qu'on prononce comme s'il n'y avait point de *h*.

Le *h* aspiré est celui qui fait prononcer du gosier la voyelle qui suit ; comme dans *haine*, *héros*, *hameau*.

Il y a des voyelles *longues* et des voyelles *brèves*.

Les voyelles longues sont celles sur lesquelles on appuie plus long-temps en les prononçant.

Les voyelles brèves sont celles sur lesquelles on appuie moins long-temps.

A est long dans *lâche*, *pâte* (pour faire du pain), *tâche* (ouvrage) ; et il est bref dans *patte* (d'animal), *tache* (souillure).

E ouvert est long dans *être*, *prêtre* ; et bref dans *lettre*, *mettre*.

I est long dans *gîte*, *vîte*, *épître*; et bref dans *sire*, *difficile*, *finir*.

O est long dans *dose*, *chose*, *dépôt*; et bref dans *pomme*, *somme*, *honorer*.

U est long dans *bûche*, *verdure*; et bref dans *juge*, *dupe*, *butte*.

Il y a en françois huit sortes de mots, ou parties du discours, savoir: *le nom*, *le pronom*, *l'adjectif*, *le verbe*, *la préposition*, *l'adverbe*, *la conjonction* et *l'interjection*.

CHAPITRE PREMIER.

DU NOM.

Le *Nom* est un mot qui sert à nommer les personnes et les choses.

De tous les objets que les noms désignent, les uns sont *physiques*, et tombent sous nos sens; comme un *cheval*, une *maison*; les autres sont *métaphysiques* et créés par la pensée; comme, le *vice*, la *vertu*.

Il y a deux sortes de noms, le nom *commun* et le nom *propre*.

Le *Nom commun* est celui qui convient à plusieurs personnes, ou à plusieurs choses de la même espèce. Ex.: *homme*, *cheval*, *maison*, *province*.

Le *Nom propre* est celui qui ne convient

qu'à une seule personne, ou à une seule chose; comme , *Cicéron* , *Paris*, la *Seine.*

Il y a des noms communs qu'on appelle *collectifs* (1), parce que, quoique au singulier, ils présentent l'idée de plusieurs personnes ou de plusieurs choses réunies sous une seule et même dénomination; soit comme faisant un tout, soit comme faisant partie d'un tout.

Les premiers s'appellent *collectifs généraux*; comme, le *peuple,* l'*armée,* le *sénat,* *Rome* , la *forét.*

Les seconds s'appellent *collectifs partitifs;* comme, *une troupe de* , *une quantité de,* *beaucoup de* , *peu de* , etc.

Dans les noms, il faut considérer le *genre* et le *nombre.*

Le *genre* est ce qui distingue un nom d'avec un autre, relativement à la différence que la nature a mise entre les sexes.

Il y a, en françois, deux genres , le *masculin* et le *féminin.* Les noms d'homme ou de mâle sont du masculin; comme, un *homme,* un *lion.* Les noms de femme ou de femelle sont du féminin; comme, une *femme* , une *lionne.*

Ensuite, par imitation , on a donné le genre masculin ou le genre féminin aux autres noms , quoiqu'ils n'eussént aucun

––––––––––––––––––––––––––––––––

(1) De *collectus,* réuni, rassemblé.

rapport à l'un ou à l'autre sexe. Ex. : le *livre*, le *jeu*, la, *table*, la *plume*.

Il y a deux nombres (1). le *singulier* et le *pluriel*; le singulier ne désigne qu'une seule personne ou une seule chose ; comme, *un homme*, un *livre*; le pluriel désigne plusieurs personnes ou plusieurs choses ; comme, *les hommes*, les *livres*.

Formation du pluriel dans les noms.

1.re Règle. Le pluriel est semblable au singulier dans tous les noms terminés au singulier par *s*, *x* et *z*; le *fils*, les *fils*; la *voix*, les *voix*; le *nez*, les *nez*.

2.e Règle. Les noms qui ne finissent pas au singulier par *s*, *x* ou *z*, prennent ordinairement un *s* au pluriel; le *livre*, les *livres*; le *roi*, les *rois*; la *loi*, les *lois*.

Exceptions.

1.° Les noms terminés au singulier par *au*, *eu*, *ou*, prennent un *x* au pluriel. Ex. : l'*eau*, les *eaux*; le *lieu*, les *lieux*; le *caillou*, les *cailloux*.

Cependant, *bleu*, *trou*, *clou*, *matou*, prennent un *s* selon la règle.

---

(1) On appelle *nombres*, certaines terminaisons du nom, qui font connoître que le nom désigne un ou plusieurs objets.

2.° Les noms terminés au singulier par *al*, *ail*, font, pour la plupart, leur pluriel en *aux*. Ex.: le *mal*, les *maux*; le *cheval*, les *chevaux*; le *travail*, les *travaux*; le *bail*, les *baux*.

Cependant *bal*, *cal*, *régal*, *détail*, *éventail*, *portail*, *gouvernail*, *camail*, *épouvantail*, *local* et *carnaval*, prennent régulièrement *s* au pluriel.

Bercail est sans pluriel; *bétail* fait *bestiaux*.

Ciel, *œil*, font *cieux*, *yeux*.

Aieul est régulier, quand on ne veut désigner que le grand-père paternel et le maternel, autrement il fait *aïeux*.

Pal fait *pals* et *paux*.

CHAPITRE SECOND.

DES PRONOMS.

Le *Pronom* est un mot qui se met à la place du nom.

Il y a des pronoms *personnels*, *relatifs*, *possessifs*, *démonstratifs* et *indéfinis*.

Les *pronoms personnels* sont ceux qui désignent les personnes.

Il y a trois personnes: la première est celle qui parle; la seconde, celle à qui on parle;

et la troisième , celle de qui l'on parle. Ces pronoms sont, pour la première personne , des deux genres : *je, moi, me,* pour *moi* ou *à moi,* singulier ; *nous,* pluriel.

Pour la seconde personne, des deux genres; *tu, toi, te* pour *toi* ou *à toi,* singulier ; *vous* singulier et pluriel.

Pour la troisième personne,

Singulier masculin.   *Singulier féminin.*

Il . . | . . elle.

Lui, pour *à lui, à elle.*

Le pour *lui,* | *la* pour *elle*

Pluriel masculin.   *Pluriel féminin.*

Ils, eux, | elles.

Leur, pour   *à eux, à elles.*

Les, pour   *eux, elles.*

Des deux genres et des deux nombres.

Soi, se, pour *soi, à soi,* réfléchi.

En, pour *de lui, d'elle, d'eux, d'elles.*

Y, pour *à cette chose, à ces choses.*

Le, pour *cela, cette chose, ces choses.*

Les pronoms *relatifs* sont ceux qui ont rapport à un nom précédent, que, pour cette raison, on appelle leur *antécédent* ; tels sont, *qui, que, lequel, laquelle, lesquels, lesquelles; dont* pour *de qui, duquel, de laquelle, desquels, desquelles.*

Les *pronoms possessifs* sont ceux qui marquent la possession ; tels sont :

SINGULIER.		PLURIEL.	
Masc.	*Fém.*	*Masc.*	*Fém.*
Le mien,	la mienne.	Les miens,	les miennes.
Le tien,	la tienne.	Les tiens,	les tiennes.
Le sien,	la sienne.	Les siens,	les siennes.
Le nôtre,	la nôtre.	Les nôtres,	
Le vôtre,	la vôtre.	Les vôtres,	des deux
Le leur,	la leur.	Les leurs,	genres.

Les pronoms démonstratifs sont ceux qui montrent, pour ainsi dire, la personne ou la chose dont ils tiennent la place; tels sont:

SINGULIER.		PLURIEL.	
Masc.	*Fém.*	*Masc.*	*Fém.*
Celui,	celle.	Ceux,	celles.
Celui-ci,	celle-ci.	Ceux-ci,	celles-ci.
Celui-là,	celle-là.	Ceux-là,	celles-là.
Ceci,			
Cela.			

Les pronoms indéfinis sont ceux qui n'expriment qu'un objet vague et indéterminé; comme, *on, quelqu'un, chacun, quiconque, personne, rien, ce, autrui, l'un, l'autre, quoi.*

Les pronoms sont toujours du même genre, du même nombre et de la même personne que le nom dont ils tiennent la place.

CHAPITRE TROISIÈME.

DE L'ADJECTIF.

L'ADJECTIF (1) est un mot qui se joint au nom pour en marquer la qualité, et en général la manière d'être. Ex.: *bon, bonne, beau, belle.*

Les adjectifs ont les deux genres et les deux nombres; c'est-à-dire qu'ils prennent des terminaisons différentes, selon qu'ils se rapportent à un nom masculin ou féminin, singulier ou pluriel.

Formation du féminin dans les adjectifs.

1.re *Règle.* Les adjectifs terminés au masculin par un *e* muet, ont leur féminin semblable au masculin.

Ex. : *un jeune homme aimable, docile. Une jeune demoiselle aimable, docile.*

2.e *Règle.* Dans les adjectifs autrement terminés, on ajoute un *e* muet au masculin, pour former leur féminin. Ex.: *sensé, sensée; poli, polie; ingénu, ingénue; vrai, vraie; grand, grande; méchant, méchante,* etc.

Les adjectifs suivants, *cruel, pareil, vermeil, bon, gros, gras, nul, net, sot, épais, ancien, exprès,* doublent au féminin leur

____

(1) De *adjectus,* ajouté.

consonne finale et prennent l'*e* muet; *cruelle*, *pareille*, *vermeille*, *bonne*, *grosse*, *grasse*, *nulle*, *nette*, *sotte*, *épaisse*, *ancienne*, *expresse*.

Beau, *nouveau*, *fou*, *mou*, *vieux*, font aussi au masculin, *bel*, *nouvel*, *fol*, *mol*, *vieil*, devant un nom qui commence par une voyelle ou un *h* muet; *bel homme*, *nouvel appartement*. C'est de cette dernière terminaison qu'ils forment leur féminin en doublant leur dernière consonne avec l'*e* muet; *belle*, *nouvelle*, etc.

Les adjectifs terminés par *f*, changent *f* en *ve*; ainsi *naïf*, *bref*, *neuf*, font *naïve*, *brève*, *neuve*.

Blanc, *franc*, *sec*, *frais*, *tiers*, font *blanche*, *franche*, *sèche*, *fraîche*, *tierce*.

Public, *caduc*, font *publique*, *caduque*.

Malin, *bénin*, font *maligne*, *bénigne*.

Les adjectifs en *eur* changent ordinairement *eur* en *euse* ou en *rice*. *Trompeur*, *trompeuse*; *chanteur*, *chanteuse*; *parleur*, *parleuse*; *acteur*, *actrice*; *protecteur*, *protectrice*, etc

Cependant *enchanteur*, *pécheur*, *vengeur*, font *enchanteresse*, *pécheresse*, *vengeresse*, etc.

Auteur est des deux genres.

Les adjectifs terminés par *x*, changent *x* en *se*: *heureux*, *heureuse*; *jaloux*, *jalouse*; *dangereux*, *dangereuse*.

Cependant *doux* fait *douce*, *roux* fait *rousse*.

Formation du pluriel dans les adjectifs.

Le pluriel, dans les adjectifs, se forme du singulier en ajoutant *s* à la fin, comme dans les noms.

La plupart des adjectifs qui finissent au singulier par *al*, n'ont point de masculin pluriel ; comme, *austral, boréal, conjugal, fatal, filial, final, frugal, jovial, naval, pastoral, pectoral, vénal.*

Accord des adjectifs avec les noms.

Tout adjectif doit être du même genre et du même nombre que le nom auquel il se rapporte.

Ex. : Le *bon* père, la *bonne* mère.

De *beaux* jardins, de *belles* fleurs.

Quand un adjectif se rapporte à deux noms singuliers, on met cet adjectif au pluriel.

Ex. : *Le roi et le berger sont égaux après la mort* (et non *égal*).

Si les deux noms sont de différents genres, on met l'adjectif au masculin ;

Ex. : *Mon père et ma mère sont* contents (et non *contentes*).

Quant à la place des adjectifs, il y en a qui se mettent devant le nom, comme, *beau jardin, grand arbre*; d'autres se mettent après, comme, *habit bleu, table ronde*;

d'autres se mettent indifféremment avant ou après le nom, comme, *homme savant*, *savant homme*.

Remar. La place des adjectifs n'est pas toujours indifférente pour leur signification ; par ex. : *un pauvre homme* et *un homme pauvre* ne présentent pas la même idée. *un homme pauvre* est un homme sans bien ; *un pauvre homme* est un homme sans mérite.

Régime des adjectifs.

Il y a des adjectifs qui ont un complément : c'est ce qu'on appelle le *régime* de l'adjectif. Ce régime est toujours un nom, ou un pronom, ou un infinitif, précédés d'un des mots *à* ou *de*.

Ex. Exact *à ses devoirs.*　 ⎰ Exact *à tenir sa parole.*
Digne *de récompenses.* ⎱ Digne *de commander.*

Rem. Il faut bien se garder de donner à un adjectif un autre régime que celui qui lui est assigné par l'usage.

Il y a des adjectifs *possessifs*, ainsi nommés, parce qu'ils marquent une possession ; comme, *mon* livre, *ton* cheval, *son* chapeau. Ces adjectifs sont :

SINGULIER.

Singulier.		Pluriel.
Masc.	*Fém.*	*des deux genres.*
Mon,	ma.	Mes.
Ton,	ta.	Tes.
Son,	sa.	Ses.
Notre,		Nos.
Votre,	} des deux genres.	Vos.
Leur,		Leurs.

Remarque. Mon, *ton*, *son* se joignent aussi aux noms féminins qui commencent par une voyelle ou un *h* muet. On dit : *mon* âme, pour *ma* âme ; *ton* épée, pour *ta* épée ; *son* humeur, pour *sa* humeur.

Il y a des adjectifs *démonstratifs*, ainsi appelés, parce qu'ils montrent, pour ainsi dire, la personne ou la chose dont on parle ; comme :

Sing. *Masc.* *Fém.*	*Plur. des deux genres.*
Ce, cet. | Cette.	Ces.

Ex. : ce *livre*, cette *table*.

Rem. On met *ce* devant les mots qui commencent par une consonne ou un *h* aspiré ; ce *village*, ce *hameau.* On met *cet* devant les noms qui commencent par une voyelle ou un *h* muet ; *cet oiseau, cet homme.*

Il y a des adjectifs *indéfinis*, ainsi appelés, parce qu'ils ne qualifient que d'une manière indéterminée ; tels que, *quel, quelle, quels, quelles*, interrogatifs ou admiratifs ; *aucun, aucune; autre; certain, certaine; chaque; même; plusieurs; quelque; tel, telle; un, une.*

Il y a des adjectifs *numéraux.*

On en distingue plusieurs sortes.

1.º Les *cardinaux*, qui sont : *un, deux, trois, quatre*, etc.

2.º Les *ordinaux*, qui sont : *premier, second, troisième, quatrième*, etc. Ces adjectifs sont quelquefois employés dans le sens partitif. Ex.: la *cinquième* partie.

3.º Les *multiplicatifs*, comme, *double, triple, quadruple*, etc.

Rem. Les adjectifs numéraux, ainsi que les autres adjectifs, peuvent être employés comme noms, et alors ils prennent l'article.

Tous les adjectifs de nombres cardinaux sont invariables, excepté *un* qui a le masculin et le féminin : *un livre, une table.*

Vingt et *cent* prennent un *s* lorsqu'ils sont au pluriel et suivis immédiatement d'un nom; *quatre-vingts ans, deux cents hommes.*

Pour la date des années on écrit *mil*; partout ailleurs on écrit *mille.*

De l'Article.

Il y a un adjectif qu'on appelle *article*; *le, la, les.* Il se place devant les noms communs pour annoncer qu'ils doivent être pris, non dans un sens vague, mais dans un sens déterminé (1).

---

(1) *Un homme, certaine personne*, voilà un sens vague, indéterminé ; *l'homme, la personne dont je vous ai parlé*, voilà un sens précis et déterminé : *le, la*, sont articles.

Le est masculin singulier ; *la* est féminin sing. ; *les*, pluriel des deux genres. Ex. : *le* père, *la* mère ; *les* pères, *les* mères.

1.re *Rem.* Devant tous les noms, soit masculins, soit féminins, qui commencent par une voyelle ou un *h* muet, la voyelle de l'article se supprime ; mais à la place, on met cette petite figure (') , qu'on appelle apostrophe ; ainsi on dit : *l'argent*, pour *le argent*, *l'histoire*, pour *la histoire*.

2.e *Rem.* Devant un nom masculin singulier qui commence par une consonne ou un *h* aspiré, on met *du* pour *de le* ; *au* pour *à le*. Ex. : *je viens du collége*, pour de le collége. *Je vais au collége*, pour à le collége.

Mais, devant un nom masculin singulier qui commence par une voyelle ou un *h* muet, on conserve *de le* et *à le*.

Devant un nom féminin sing., on conserve toujours *de la* et *à la*.

Au pluriel masculin et féminin, on met toujours *des* pour *de les* et *aux* pour *à les*. Ex. : J'ai vu *des* écoliers, pour *de les* écoliers.

J'ai parlé *aux* écoliers, pour *à les* écoliers.

Du Participe.

Ce qu'on appelle *participes* est encore une espèce d'adjectifs.

On distingue les participes en *actifs*, *neutres* et *passifs*.

Le participe actif marque une qualité active.

Le participe neutre marque un état simplement (1).

Le participe passif marque une qualité passive.

Les participes actifs et neutres sont tous terminés en *ant*, et ne varient point.

Ex. : Un homme *lisant*, *tombant*.
Une femme *lisant*, *tombant*.
Des hommes *lisant*, *tombant*.
Des femmes *lisant*, *tombant*.

Les participes *lisant*, *tombant*, ne varient point, quoique le nom auquel ils se rapportent, soit masculin ou féminin, singulier ou pluriel.

Le participe passif varie, et prend le genre et le nombre du nom ou pronom auquel il se rapporte.

Ex.: Le vice *détesté*.
Les vices *détestés*.
La vertu *aimée*.
Les vertus *aimées*.

Les participes actifs et neutres sont encore appelés participes *présents*; et le participe passif, participe *passé*: alors ils ont rapport aux temps, et appartiennent au verbe.

____

(1) On les appelle *neutres*, parce qu'ils ne sont ni actifs, ni passifs (de *neuter*, *a*, *um*, ni l'un, ni l'autre)

CHAPITRE QUATRIÈME.

DU VERBE,
ET DE LA PROPOSITION EN GÉNÉRAL.

On appelle *proposition*, l'énonciation d'un jugement que nous portons sur un objet, d'après l'idée que notre esprit s'en est formée.

La proposition a trois parties essentielles : le *sujet*, l'*attribut* et le *verbe*.

Le sujet est la personne ou la chose à laquelle on attribue une qualité.

L'attribut, est la qualité qu'on affirme convenir au sujet.

Le verbe (1) est un mot qui sert à lier l'attribut au sujet, et à affirmer que cet attribut lui appartient.

Il n'y a qu'un seul verbe : c'est le verbe *être*. Tous les autres mots qu'on appelle verbes, ne sont autre chose que le verbe *être* et un attribut réunis ; comme, *aimer*, pour *être aimant*; *tomber* pour *être tombant*; c'est pourquoi on les appelle *verbes adjectifs*.

On connoît qu'un mot est un verbe, en françois, quand on peut y joindre les pro-

____

(1) Du mot *verbum*.

noms , *je* , *tu* , *il* , *nous* , *vous* , *ils* ; comme : *je lis* , *tu lis* , *il lit*; *nous lisons* , *vous lisez* , *ils lisent.*

Des modes, des temps, des nombres et des personnes.

Dans les verbes il faut considérer les *modes*, les *temps*, les *nombres* et les *personnes*.

Les modes sont les différentes manières d'employer le verbe. Il y en a cinq.

1.º *L'infinitif*, qui marque l'affirmation en général, sans nombre ni personne; comme, *être* , *lire*.

2.º *L'indicatif*, qui marque l'affirmation, du verbe avec les temps, les nombres et les personnes; comme, *j'aime, j'aimai, j'aimerai.*

3.º Le *conditionnel*, qui marque l'affirmation du verbe soumise à une condition ; comme, *je vous aimerois, si vous étiez sage.*

4.º L'*impératif*, qui marque l'affirmation du verbe , avec commandement , prière ou exhortation ; comme , *sois sage* , *étudie.*

5.º Le *subjonctif*, qui marque l'affirmation du verbe , mais d'une manière dépendante d'un autre verbe, exprimé ou sous-entendu ; comme, *Il faut que je sois sage. Je veux que vous étudiiez. Qu'il aille , qu'il vienne.*

Il y a trois temps : le *présent*, le *passé* et le *futur.*

Le *présent*, quand on affirme que l'attribut appartient au sujet.

Le *passé*, quand on affirme que l'attribut a appartenu au sujet.

Le *futur*, quand on affirme que l'attribut appartiendra au sujet.

Il y a plusieurs modifications du passé.

1.° Un *imparfait*, qui marque un temps passé, par rapport au moment actuel, mais présent par rapport à un autre temps. Ex. : *j'étudiois ma leçon, quand vous êtes entré.*

2.° Trois *prétérits* : le prétérit *défini*, qui marque un temps entièrement écoulé. Ex. : *j'étudiai hier, la semaine dernière, l'an passé.*

Le prétérit *indéfini*, qui marque, indifféremment un temps entièrement écoulé, ou un temps dont il reste encore une partie à s'écouler. Ex. : *j'ai étudié ce matin, hier, cette semaine, la semaine dernière.*

Le prétérit *antérieur*, qui marque un temps passé immédiatement avant un autre temps qui est passé lui-même. Ex. : *lorsque j'eus fait mon devoir, j'étudiai ma leçon.*

3.° Un *plusque parfait*, qui marque un temps passé indéfiniment avant un autre temps passé lui-même. Ex. : *j'avois fini mon devoir, lorsque j'étudiai ma leçon.*

On distingue aussi deux modifications du futur ; le futur *simple* et le futur *passé*.

Le futur *passé* marque un temps à venir,

par rapport au moment actuel, mais qui sera passé, par rapport à un autre temps à venir Ex.: *j'aurai fait mon devoir, lorsque j'étudierai ma leçon.*

A ces temps il faut ajouter le participe présent, le participe passé et le participe futur, qui appartiennent au mode infinitif.

Chaque temps a les deux nombres, le singulier et le pluriel.

Chaque nombre a trois personnes : la première est celle qui parle, la seconde est celle à qui on parle , la troisième est celle de qui on parle.

Je, nous, marquent la première personne; *tu ,vous,* marquent la seconde; tous les autres noms ou pronoms marquent la troisième.

Cependant les temps de l'infinitif sont sans nombres ni personnes.

Des différentes sortes de verbes.

Il y a différentes sortes de verbes adjectifs.

1.º Les verbes *actifs*, qui expriment une action faite par le sujet; comme , *je chante, je lis.*

2.º Les verbes *passifs*, qui expriment une action soufferte par le sujet ; comme, *les écoliers diligents seront récompensés , les écoliers paresseux seront punis.*

3.º Les verbes *neutres*, qui n'expriment

que

que l'état du sujet ; comme, *penser, dormir, languir* (1).

4.° Les verbes *pronominaux*, ainsi nommés, parce qu'ils se conjuguent avec deux pronoms de la même personne. Ex. : *je me repens, tu te loues, ils se battent.*

Parmi les verbes pronominaux, les uns sont *neutres,* et marquent un état du sujet ; comme, *se repentir, s'appercevoir.* Les autres sont *actifs,* et marquent une action de la part du sujet. On les appelle *réfléchis* quand ils marquent que le sujet, qui fait l'action, en est lui-même l'objet ou le but ; comme, *je me flatte, je me donne des louanges.* On les appelle *réciproques,* quand ils marquent l'action de plusieurs sujets qui agissent les uns sur les autres ; comme, *Pierre et Paul s'aiment, ils se battent l'un l'autre.*

5.° Enfin, les verbes *impersonnels,* ainsi appelés, parce que le sujet est sous-entendu par la pensée ; ex : *il* (le ciel) *pleut, il faut, il importe.*

De la conjugaison des verbes.

Le mot *conjugaison* signifie *assemblage.* Conjuguer un verbe, c'est en assembler ou réciter, de suite, tous les modes, les temps, les nombres et les personnes.

____

(1) Ces verbes sont ainsi nommés, en raison de l'attribut ou participe actif, passif ou neutre qu'ils renferment.

Pour conjuguer les verbes, on distingue les temps en *primitifs* et *dérivés*.

Les temps *primitifs* sont ceux qui servent à former les autres temps. Ces temps sont, *le présent de l'indicatif*, *le prétérit défini*, *le présent de l'infinitif*, *le participe présent* et *le participe passé*. Tous les autres temps s'appellent *dérivés*, parce qu'ils se forment des précédents.

On les distingue ensuite en *simples* et en *composés*.

Les temps *simples* sont ceux qui se conjuguent par eux-mêmes, et avec des terminaisons particulières.

Les temps composés sont ceux qui se conjuguent avec *avoir* ou *être* et le participe passé du verbe que l'on conjugue. Ces deux verbes, *avoir* et *être*, sont appelés, pour cette raison, *auxiliaires*. (Voyez le tableau des conjugaisons).

Il y a, en françois, quatre conjugaisons, que l'on distingue par la terminaison de l'infinitif.

La première conjugaison a l'infinitif terminé en *er*; comme, *aimer*.

La seconde a l'infinitif terminé en *ir*; comme, *finir*.

La troisième a l'infinitif terminé en *oir*; comme, *recevoir*.

La quatrième a l'infinitif terminé en *re*; comme, *rendre*.

VERBE AUXILIAIRE AVOIR.

INDICATIF.

PRÉSENT.

Sing. J'ai.
Tu as.
Il *ou* elle a.
Plur. Nous avons.
Vous avez.
Ils *ou* elles ont.

IMPARFAIT.

J'avois.
Tu avois.
Il avoit.
Nous avions.
Vous aviez.
Ils *ou* elles avoient.

PRÉTÉRIT DÉFINI.

J'eus.
Tu eus.
Il eut.
Nous eûmes.
Vous eûtes.
Ils eurent.

PRÉTÉRIT INDÉFINI.

J'ai eu.
Tu as eu.
Il a eu.
Nous avons eu.
Vous avez eu.
Ils ont eu.

PRÉTÉRIT ANTÉRIEUR.

J'eus eu.
Tu eus eu.
Il eut eu.
Nous eûmes eu.
Vous eûtes eu.
Ils eurent eu.

PLUSQUE-PARFAIT.

J'avois eu.
Tu avois eu.
Il avoit eu.
Nous avions eu.
Vous aviez eu.
Ils avoient eu.

FUTUR.

J'aurai.
Tu auras.
Il aura.
Nous aurons.
Vous aurez.
Ils auront.

FUTUR PASSÉ.

J'aurai eu.
Tu auras eu.
Il aura eu.
Nous aurons eu.
Vous aurez eu.
Ils auront eu.

CONDITIONNELS.

PRÉSENT.

J'aurois.
Tu aurois.
Il auroit.
Nous aurions.
Vous auriez.
Ils auroient.

PASSÉ.

J'aurois eu.
Tu aurois eu.
Il auroit eu.
Nous aurions eu.
Vous auriez eu.
Ils auroient eu.

On dit aussi *j'eusse eu, tu eusses eu, il eût eu, nous eussions eu, vous eussiez eu, ils eussent eu.*

IMPÉRATIF.

Point de 1.ʳᵉ personne.
Aye.
Point de 3ᶜ. personne.
Ayons.
Ayez.
Point de 3.ᵉ personne.

SUBJONCTIF.

PRÉSENT *ou* FUTUR.

Que j'aye.
Qne tu ayes.
Qu'il ait.
Que nous ayons.
Que vous ayez.
Qu'ils aient.

IMPARFAIT.

Que j'eusse.
Que tu eusses.
Qu'il eût.
Que nous eussions.
Que vous eussiez.
Qu'ils eussent.

PRÉTÉRIT.

Que j'aye eu.
Que tu ayes eu.
Qu'il ait eu.
Que nous ayons eu.
Que vous ayez eu.
Qu'ils aient eu.

PLUSQUE-PARFAIT.

Que j'eusse eu.
Que tu eusses eu.
Qu'il eut eu.
Que nous eussions eu.
Que vous eussiez eu.
Qu'ils eussent eu.

INFINITIF.

PRÉSENT.

Avoir.

PRÉTÉRIT.

Avoir eu.

PARTICIPES.

PRÉSENT.

Ayant.

PASSÉ.

Eu, eue, ayant eu.

FUTUR.

Devant avoir.

VERBE AUXILIAIRE ÊTRE.

INDICATIF.

PRÉSENT.

Je suis.
Tu es.
Il *ou* elle est.
Nous sommes.
Vous êtes.
Ils *ou* elles sont.

IMPARFAIT.

J'étois.
Tu étois.
Il *ou* elle étoit.
Nous étions.
Vous étiez.
Ils *ou* elles étoient.

PRÉTÉRIT DÉFINI.

Je fus.
Tu fus.
Il fut.
Nous fûmes.
Vous fûtes.
Ils furent.

PRÉTÉRIT INDÉFINI.

J'ai été.
Tu as été.
Il a été.
Nous avons été.
Vous avez été.
Ils ont été.

PRÉTÉRIT ANTÉRIEUR.

J'eus été.
Tu eus été.
Il eut été.
Nous eûmes été.
Vous eûtes été.
Ils eurent été.

PLUSQUE-PARFAIT.

J'avois été.
Tu avois été.
Il avoit été.
Nous avions été.
Vous aviez été.
Ils avoient été.

FUTUR.

Je serai.
Tu seras.
Il sera.
Nous serons.
Vous serez.
Ils seront.

FUTUR PASSÉ.

J'aurai été.
Tu auras été.
Il aura été.
Nous aurons été.
Vous aurez été.
Ils auront été.

CONDITIONNELS.

PRÉSENT.

Je serois.
Tu serois.
Il seroit.
Nous serions.
Vous seriez.
Ils seroient.

PASSÉ.

J'aurois été.
Tu aurois été.
Il auroit été.
Nous aurions été.
Vous auriez été.
Ils auroient été.

On dit aussi *j'eusse été,
tu eusses été, il eût été;
nous eussions été, vous
eussiez été, ils eussent été.*

IMPÉRATIF.

Point de 1.re personne.
Sois.
Point de 3.e personne.
Soyons.
Soyez.
Point de 3.e personne.

SUBJONCTIF.

PRÉSENT.

Que je sois.
Que tu sois.
Qu'il soit.
Que nous soyons.

Que vous soyez.
Qu'ils soient.

IMPARFAIT.

Que je fusse.
Que tu fusses.
Qu'il fût.
Que nous fussions.
Que vous fussiez.
Qu'ils fussent.

PRÉTÉRIT.

Que j'aye été.
Que tu ayes été.
Qu'il ait été.
Que nous ayons été.
Que vous ayez été.
Qu'ils aient été.

PLUSQUE-PARFAIT.

Que j'eusse été.
Que tu eusses été.
Qu'il eût été.
Que nous eussions été.
Que vous eussiez été.
Qu'ils eussent été.

INFINITIF.

PRÉSENT.

Être.

PRÉTÉRIT.

Avoir été.

PARTICIPES.

PRÉSENT.

Étant.

PASSÉ.

Été, ayant été.

FUTUR.

Devant être.

Modèles de conjugaison des verbes, avec l'auxiliaire avoir.

PREMIÈRE CONJUGAISON,

En ER.

INDICATIF.

PRÉSENT.

J'aime,
Tu aimes.
Il *ou* elle aime.
Nous aimons.
Vous aimez.
Ils *ou* elles aiment.

IMPARFAIT.

J'aimois.
Tu aimois.
Il aimoit.
Nous aimions.
Vous aimiez.
Ils *ou* elles aimoient.

PRÉTÉRIT DÉFINI.

J'aimai.
Tu aimas.
Il aima.
Nous aimâmes.
Vous aimâtes.
Ils aimèrent.

PRÉTÉRIT INDÉFINI.

J'ai aimé.
Tu as aimé.
Il a aimé.
Nous avons aimé.
Vous avez aimé.
Ils ont aimé.

PRÉTÉRIT ANTÉRIEUR.

J'eus aimé.
Tu eus aimé.
Il eut aimé.
Nous eûmes aimé.
Vous eûtes aimé.
Ils eurent aimé (1).

PLUSQUE-PARFAIT.

J'avois aimé.
Tu avois aimé.
Il avoit aimé.
Nous avions aimé.
Vous aviez aimé.
Ils avoient aimé.

FUTUR.

J'aimerai.
Tu aimeras.
Il aimera.
Nous aimerons.
Vous aimerez.
Ils aimeront.

FUTUR PASSÉ.

J'aurai aimé.
Tu auras aimé.
Il aura aimé.
Nous aurons aimé.
Vous aurez aimé.
Ils auront aimé.

CONDITIONNELS.

PRÉSENT.

J'aimerois.
Tu aimerois.
Il aimeroit.
Nous aimerions.
Vous aimeriez.
Ils aimeroient.

PASSÉ.

J'aurois aimé.
Tu aurois aimé.
Il auroit aimé.
Nous aurions aimé.
Vous auriez aimé.
Ils auroient aimé.

On dit aussi *j'eusse aimé, tu eusses aimé, il eût aimé; nous eussions aimé, vous eussiez aimé, ils eussent aimé.*

IMPÉRATIF.

Point de 1.re personne.
Aime.
Point de 3.e personne.
Aimons.
Aimez.
Point de 3.e personne.

---

(1) Il y a un quatrième prétérit, dont on se sert rarement ; le voici :

J'ai eu aimé.
Tu as eu aimé.
Il a eu aimé.

Nous avons eu aimé.
Vous avez eu aimé.
Ils ont eu aimé.

SUBJONCTIF.

Présent ou Futur.

Que j'aime.
Que tu aimes.
Qu'il aime.
Que nous aimions.
Que vous aimiez.
Qu'ils aiment.

Imparfait.

Que j'aimasse.
Que tu aimasses.
Qu'il aimât.
Que nous aimassions.
Que vous aimassiez.
Qu'ils aimassent.

Prétérit.

Que j'aye aimé.
Que tu ayes aimé.
Qu'il ait aimé.
Que nous ayons aimé.
Que vous ayez aimé.
Qu'ils aient aimé.

Plusque-parfait.

Que j'eusse aimé.
Que tu eusses aimé.
Qu'il eût aimé.
Que nous eussions aimé.
Que vous eussiez aimé.
Qu'ils eussent aimé.

INFINITIF.

Présent.

Aimer.

Passé.

Avoir aimé.

PARTICIPES.

Présent.

Aimant.

Passé.

Aimé, aimée, ayant aimé.

Futur.

Devant aimer.

Ainsi se conjuguent les verbes *chanter, danser, manger, appeler,* et tous ceux dont l'infinitif se termine en *er.*

SECONDE CONJUGAISON,
En IR.

INDICATIF.

PRÉSENT.

Je finis.
Tu finis.
Il finit.
Nous finissons.
Vous finissez.
Ils finissent.

IMPARFAIT.

Je finissois.
Tu finissois.
Il finissoit.
Nous finissions.
Vous finissiez.
Ils finissoient.

PRÉTÉRIT DÉFINI.

Je finis.
Tu finis.
Il finit.
Nous finîmes.
Vous finîtes.
Ils finirent.

PRÉTÉRIT INDÉFINI.

J'ai fini.
Tu as fini.
Il a fini.
Nous avons fini.
Vous avez fini.
Ils ont fini.

PRÉTÉRIT ANTÉRIEUR.

J'eus fini.
Tu eus fini.
Il eut fini.
Nous eûmes fini.
Vous eûtes fini.
Ils eurent fini (1).

PLUSQUE-PARFAIT.

J'avois fini.
Tu avois fini.
Il avoit fini.
Nous avions fini.
Vous aviez fini.
Ils avoient fini.

---

(1) Il y a un quatrième prétérit, mais on s'en sert rarement ; le voici :

J'ai eu fini.
Tu as eu fini.
Il a eu fini.

Nous avons eu fini.
Vous avez eu fini.
Ils ont eu fini.

FUTUR.

Je finirai.
Tu finiras.
Il finira.
Nous finirons.
Vous finirez.
Ils finiront.

FUTUR PASSÉ.

J'aurai fini.
Tu auras fini.
Il aura fini.
Nous aurons fini.
Vous aurez fini.
Ils auront fini.

CONDITIONNELS.

PRÉSENT.

Je finirois.
Tu finirois.
Il finiroit.
Nous finirions.
Vous finiriez.
Ils finiroient.

PASSÉ.

J'aurois fini.
Tu aurois fini.
Il auroit fini.
Nous aurions fini.
Vous auriez fini.
Ils auroient fini.

On dit aussi *j'eusse fini, tu eusses fini, il eût fini; nous eussions fini, vous eussiez fini; ils eussent fini.*

IMPÉRATIF.

Point de 1.re personne.
Finis.
Point de 3.e personne.
Finissons.
Finissez.
Point de 3.e personne.

SUBJONCTIF.

PRÉSENT OU FUTUR.

Que je finisse.
Que tu finisses.
Qu'il finisse.
Que nous finissions.
Que vous finissiez.
Qu'ils finissent.

IMPARFAIT!

Que je finisse.
Que tu finisses.
Qu'il finît.
Que nous finissions.
Que vous finissiez.
Qu'ils finissent.

PRÉTÉRIT.

Que j'aye fini.
Que tu ayes fini.
Qu'il ait fini.
Que nous ayons fini.
Que vous ayez fini.
Qu'ils aient fini.

PLUSQUE-PARFAIT.

Que j'eusse fini.
Que tu eusses fini.
Qu'il eût fini.
Que nous eussions fini.
Que vous eussiez fini.
Qu'ils eussent fini.

INFINITIF.
Présent.
Finir.
Prétérit.
Avoir fini.

PARTICIPES.
Présent.
Finissant.
Passé.
Fini, finie, ayant fini.
Futur.
Devant finir.

Ainsi se conjuguent *avertir, guérir, ensevelir.*

TROISIÈME CONJUGAISON,

En oir.

INDICATIF.
Présent.
Je reçois.
Tu reçois.
Il reçoit.
Nous recevons.
Vous recevez.
Ils reçoivent.

Imparfait.
Je recevois.
Tu recevois.
Il recevoit.
Nous recevions.
Vous receviez.
Ils recevoient.

Prétérit défini.
Je reçus.

Tu reçus.
Il reçut.
Nous reçûmes.
Vous reçûtes.
Ils reçurent.

Prétérit indéfini.
J'ai reçu.
Tu as reçu.
Il a reçu.
Nous avons reçu.
Vous avez reçu.
Ils ont reçu.

Prétérit antérieur.
J'eus reçu.
Tu eus reçu.
Il eut reçu.
Nous eûmes reçu.

Vous eûtes reçu.
Ils eurent reçu (1).

PLUSQUE-PARFAIT.

J'avois reçu.
Tu avois reçu.
Il avoit reçu.
Nous avions reçu.
Vous aviez reçu.
Ils avoient reçu.

FUTUR.

Je recevrai.
Tu recevras.
Il recevra.
Nous recevrons.
Vous recevrez.
Ils recevront.

FUTUR PASSÉ.

J'aurai reçu.
Tu auras reçu.
Il aura reçu.
Nous aurons reçu.
Vous aurez reçu.
Ils auront reçu.

CONDITIONNELS.

PRÉSENT.

Je recevrois.
Tu recevrois.

Il recevroit.
Nous recevrions.
Vous recevriez.
Ils recevroient.

PASSÉ.

J'aurois reçu.
Tu aurois reçu.
Il auroit reçu.
Nous aurions reçu.
Vous auriez reçu.
Ils auroient reçu.

On dit aussi *j'eusse reçu, tu eusses reçu, il eût reçu; nous eussions reçu, vous eussiez reçu, ils eussent reçu.*

IMPÉRATIF.

Point de 1.re *personne.*
Reçois.
Point de 3e. *personne.*
Recevons.
Recevez.
Point de 3e. *personne.*

SUBJONCTIF.

PRÉSENT OU FUTUR.

Que je reçoive.
Que tu reçoives.
Qu'il reçoive.

---

(1) Il y a un quatrième prétérit, mais on s'en sert rarement; le voici :

J'ai eu reçu.	Nous avons eu reçu.
Tu as eu reçu.	Vous avez eu reçu.
Il a eu reçu.	Ils ont eu reçu.

Que nous recevions.
Que vous receviez.
Qu'ils reçoivent.

IMPARFAIT.

Que je reçusse.
Que tu reçusses.
Qu'il reçût.
Que nous reçussions.
Que vous reçussiez.
Qu'ils reçussent.

PRÉTÉRIT.

Que j'aye reçu.
Que tu ayes reçu.
Qu'il ait reçu.
Que nous ayons reçu.
Que vous ayez reçu.
Qu'ils aient reçu.

PLUSQUE-PARFAIT.

Que j'eusse reçu.

Que tu eusses reçu.
Qu'il eût reçu.
Que nous eussions reçu.
Que vous eussiez reçu.
Qu'ils eussent reçu.

INFINITIF.

PRÉSENT.

Recevoir.

PRÉTÉRIT.

Avoir reçu.

PARTICIPES.

PRÉSENT.

Recevant.

PASSÉ.

Reçu, reçue, ayant reçu.

FUTUR.

Devant recevoir.

Ainsi se conjuguent *appercevoir*, *concevoir*, *devoir*, *percevoir*.

QUATRIÈME CONJUGAISON,

En RE.

INDICATIF.

PRÉSENT.

Je rends.
Tu rends.
Il rend.
Nous rendons.

Vous rendez.
Ils rendent.

IMPARFAIT.

Je rendois.
Tu rendois.
Il rendoit.

Nous rendions.
Vous rendiez.
Ils rendoient.

PRÉTÉRIT DÉFINI.

Je rendis.
Tu rendis.
Il rendit.
Nous rendîmes.
Vous rendîtes.
Ils rendirent.

PRÉTÉRIT INDÉFINI.

J'ai rendu.
Tu as rendu.
Il a rendu.
Nous avons rendu.
Vous avez rendu.
Ils ont rendu.

PRÉTÉRIT ANTÉRIEUR.

J'eus rendu.
Tu eus rendu.
Il eut rendu.
Nous eûmes rendu.
Vous eûtes rendu.
Ils eurent rendu (1).

PLUSQUE-PARFAIT.

J'avois rendu.

Tu avois rendu.
Il avoit rendu.
Nous avions rendu.
Vous aviez rendu.
Ils avoient rendu.

FUTUR.

Je rendrai.
Tu rendras.
Il rendra.
Nous rendrons.
Vous rendrez.
Ils rendront.

FUTUR PASSÉ.

J'aurai rendu.
Tu auras rendu.
Il aura rendu.
Nous aurons rendu.
Vous aurez rendu.
Ils auront rendu.

CONDITIONNELS.

PRÉSENT.

Je rendrois.
Tu rendrois.
Il rendroit.
Nous rendrions.
Vous rendriez.
Ils rendroient.

PASSÉ.

J'aurois rendu.

______

(1) Il y a un quatrième prétérit, mais on s'en sert rarement;
le voici :

J'ai eu rendu.
Tu as eu rendu.
Il a eu rendu.

Nous avons eu rendu.
Vous avez eu rendu.
Ils ont eu rendu.

Tu aurois rendu.
Il auroit rendu.
Nous aurions rendu.
Vous auriez rendu.
Ils auroient rendu.

On dit aussi j'eusse rendu, tu eusses rendu, il eût rendu; nous eussions rendu, vous eussiez rendu, ils eussent rendu.

IMPÉRATIF.

Point de 1.re personne.
Rends.
Point de 3.e personne.
Rendons.
Rendez.
Point de 3.e personne.

SUBJONCTIF.

PRÉSENT OU FUTUR.
Que je rende.
Que tu rendes.
Qu'il rende.
Que nous rendions.
Que vous rendiez.
Qu'ils rendent.

IMPARFAIT.
Que je rendisse.
Que tu rendisses.
Qu'il rendît.
Que nous rendissions.
Que vous rendissiez.
Qu'ils rendissent.

PRÉTÉRIT.
Que j'aye rendu.
Que tu ayes rendu.
Qu'il ait rendu.
Que nous ayons rendu.
Que vous ayez rendu.
Qu'ils aient rendu.

PLUSQUE-PARFAIT.
Que j'eusse rendu.
Que tu eusses rendu.
Qu'il eût rendu.
Que nous eussions rendu.
Que vous eussiez rendu.
Qu'ils eussent rendu.

INFINITIF.

PRÉSENT.
Rendre.

PRÉTÉRIT.
Avoir rendu.

PARTICIPES.

PRÉSENT.
Rendant.

PASSÉ.
Rendu, rendue, ayant rendu.

FUTUR.
Devant rendre.

Ainsi se conjuguent *attendre, entendre, suspendre, vendre.*

Modèle de conjugaison des verbes, avec l'auxiliaire être.

PREMIÈRE CONJUGÁISON.

INDICATIF.

Présent.

Je tombe.
Tu tombes.
Il, *ou* elle tombe.
Nous tombons.
Vous tombez.
Ils, *ou* elles tombent.

Imparfait.

Je tombois.
Tu tombois.
Il, *ou* elle tomboit.
Nous tombions.
Vous tombiez.
Ils, *ou* elles tomboient.

Prétérit défini.

Je tombai.
Tu tombas.
Il, *ou* elle tomba.
Nous tombâmes.
Vous tombâtes.
Ils, *ou* elles tombèrent.

Prétérit indéfini.

Je suis tombé, *ou* tombée.
Tu es tombé, *ou* tombée.
Il est tombé, *ou* elle est tombée.
Nous sommes tombés, *ou* tombées.
Vous êtes tombés, *ou* tombées.
Ils sont tombés, *ou* elles sont tombées.

Prétérit antérieur.

Je fus tombé, *ou* tombée.
Tu fus tombé, *ou* tombée.
Il fut tombé, *ou* elle fut tombée.
Nous fûmes tombés, *ou* tombées.
Vous fûtes tombés, *ou* tombées.
Ils furent tombés, *ou* elles furent tombées.

Plusque-parfait.

J'étois tombé, *ou* tombée.
Tu étois tombé, *ou* tombée.
Il étoit tombé, *ou* elle étoit tombée.
Nous étions tombés, *ou* tombées.

Vous étiez tombés, *ou* tombées.

Ils étoient tombés, *ou* elles étoient tombées.

FUTUR.

Je tomberai.
Tu tomberas.
Il, *ou* elle tombera.
Nous tomberons.
Vous tomberez.
Ils, *ou* elles tomberont.

FUTUR PASSÉ.

Je serai tombé, *ou* tombée.
Tù seras tombé, *ou* tombée.
Il sera tombé, *ou* elle sera tombée.
Nous serons tombés, *ou* tombées.
Vous serez tombés, *ou* tombées.
Ils seront tombés, *ou* elles seront tombées.

CONDITIONNELS.

PRÉSENT.

Je tomberois.
Tu tomberois.
Il, *ou* elle tomberoit.
Nous tomberions.
Vous tomberiez.
Ils, *ou* elles tomberoient.

PASSÉ.

Je serois tombé, *ou* tombée.

Tu serois tombé, *ou* tombée.

Il seroit tombé, *ou* elle seroit tombée.

Nous serions tombés, *ou* tombées.

Vous seriez tombés, *ou* tombées.

Ils seroient tombés, *ou* elles seroient tombées.

On dit aussi, *je fusse tombé, ou tombée, tu fusses tombé, ou tombée, il fût tombé, ou elle fût tombée; nous fussions tombés, ou tombées, vous fussiez tombés, ou tombées, ils fussent tombés, ou elles fussent tombées.*

IMPÉRATIF.

Point de 1.re *personne*

Tombe.
Point de 3.e *personne.*
Tombons.
Tombez.
Point de 3.e *personne.*

SUBJONCTIF.

PRÉSENT ou FUTUR.

Que je tombe.
Que tu tombes.
Qu'il, *ou* qu'elle tombe.
Que nous tombions.

Que vous tombiez.
Qu'ils, *ou* qu'elles tombent.

IMPARFAIT.

Que je tombasse.
Que tu tombasses.
Qu'il, *ou* qu'elle tombât.
Que nous tombassions.
Que vous tombassiez.
Qu'ils, *ou* qu'elles tombassent.

PRÉTÉRIT.

Que je sois tombé, *ou* tombée.
Que tu sois tombé, *ou* tombée.
Qu'il soit tombé, *ou* qu'elle soit tombée.
Que nous soyons tombés, *ou* tombées.
Que vous soyez tombés, *ou* tombées.
Qu'ils soient tombés, *ou* qu'elles soient tombées.

PLUSQUE-PARFAIT.

Que je fusse tombé, *ou* tombée.
Que tu fusses tombé, *ou* tombée.
Qu'il fût tombé, *ou* qu'elle fût tombée.
Que nous fussions tombés, *ou* tombées.
Que vous fussiez tombés, *ou* tombées.
Qu'ils fussent tombés, *ou* qu'elles fussent tombées.

INFINITIF.

PRÉSENT.

Tomber.

PRÉTÉRIT.

Être tombé, *ou* tombée.

PARTICIPES.

PRÉSENT.

Tombant.

PASSÉ.

Tombé, tombée, étant tombé.

FUTUR.

Devant tomber.

Ainsi se conjuguent, aux temps composés, tous les verbes qui prennent l'auxiliaire *être*.

Quant à leurs temps simples, ils se conjuguent sur les modèles précédents, suivant la conjugaison à laquelle ils appartiennent.

MODÈLE DE CONJUGAISON DES VERBES PRONOMINAUX.

Ils prennent tous l'auxiliaire *être* aux temps composés.

INDICATIF.

Présent.

Je me repens.
Tu te repens.
Il, *ou* elle se repent.
Nous nous repentons.
Vous vous repentez.
Ils, *ou* elles se repentent.

Imparfait.

Je me repentois, etc.

Prétérit défini.

Je me repentis, etc.

Prétérit indéfini.

Je me suis repenti, *ou* repentie, etc.

Prétérit antérieur.

Je me fus repenti, *ou* repentie, etc.

Plusque-parfait.

Je m'étais repenti, *ou* repentie, etc.

Futur.

Je me repentirai, etc.

Futur passé.

Je me serai repenti, *ou* repentie, etc.

CONDITIONNELS.

Présent.

Je me repentirois, etc.

Passé.

Je me serois repenti, *ou* repentie, etc.

On dit aussi *je me fusse repenti*, *ou repentie*, etc.

IMPÉRATIF.

*Point de 1.*re *personne.*
Repens-toi.
*Point de 3.*e *personne.*
Repentons-nous.
Repentez-vous.
*Point de 3.*e *personne.*

SUBJONCTIF.

Présent ou Futur.

Que je me repente, etc.

IMPARFAIT.	PRÉTÉRIT.
Que je me repentisse , etc.	S'être repenti, *ou* repentie.

PRÉTÉRIT.

Que je me sois repenti ,
ou repentie, etc.

PLUSQUE-PARFAIT.

Que je me fusse repenti ,
ou repentie, etc.

PARTICIPES.

PRÉSENT.

Se repentant.

PASSÉ.

Repenti , s'étant repenti ,
ou repentie.

INFINITIF.

PRÉSENT.

Se repentir.

FUTUR.

Devant se repentir.

Ainsi se conjuguent, aux temps composés, tous les verbes pronominaux.

Aux temps simples , ils se conjuguent comme les autres verbes, selon la conjugaison à laquelle ils appartiennent.

MODÈLE DE CONJUGAISON DES VERBES IMPERSONNELS.

ILS se conjuguent comme la troisième personne du singulier des autres verbes.

INDICATIF.

PRÉSENT.

Il faut.

IMPARFAIT.

Il falloit.

PRÉTÉRIT DÉFINI.

Il fallut.

PRÉTÉRIT INDÉFINI.

Il a fallu.

PRÉTÉRIT ANTÉRIEUR.	SUBJONCTIF.
Il eut fallu.	PRÉSENT ou FUTUR.
PLUSQUE-PARFAIT.	Qu'il faille.
Il avoit fallu.	IMPARFAIT.
FUTUR.	Qu'il fallût.
Il faudra.	PRÉTÉRIT.
FUTUR PASSÉ.	Qu'il ait fallu.
Il aura fallu.	PLUSQUE-PARFAIT.
CONDITIONNELS.	Qu'il eût fallu.
PRÉSENT.	INFINITIF.
Il faudroit.	PRÉSENT.
PASSÉ.	Falloir.
Il auroit fallu.	PARTICIPE.
	PASSÉ.
	Ayant fallu.

MODÈLE DE CONJUGAISON DES VERBES PASSIFS (1).

LES verbes passifs se conjuguent dans tous leurs temps, avec le verbe *être* et le participe passif du verbe que l'on veut conjuguer.

INDICATIF.	Tu es aimé, *ou* aimée.
PRÉSENT.	Il est aimé, *ou* elle est aimée.
Je suis aimé, *ou* aimée.	

(1) A proprement parler, il n'y a point de verbes adjectifs passifs, en françois ; l'attribut passif étant toujours séparé du verbe. Si nous donnons un paradigme de ces prétendus verbes, c'est uniquement pour nous conformer à un usage reçu, et qui, d'ailleurs, n'est pas sans quelque utilité.

Nous sommes aimés, *ou* aimées.

Vous êtes aimés, *ou* aimées.

Ils sont aimés, *ou* elles sont aimées.

IMPARFAIT.

J'étois aimé, *ou* aimée.

Tu étois aimé, *ou* aimée.

Il étoit aimé, *ou* elle étoit aimée.

Nous étions aimés, *ou* aimées.

Vous étiez aimés, *ou* aimées.

Ils étoient aimés, *ou* elles étoient aimées.

PRÉTÉRIT DÉFINI.

Je fus aimé, *ou* aimée.

Tu fus aimé, *ou* aimée.

Il fut aimé, *ou* elle fut aimée.

Nous fûmes aimés, *ou* aimées.

Vous fûtes aimés, *ou* aimées.

Ils furent aimés, *ou* elles furent aimées.

PRÉTÉRIT INDÉFINI.

J'ai été aimé, *ou* aimée.

Tu as été aimé, *ou* aimée.

Il a été aimé, *ou* elle a été aimée.

Nous avons été aimés, *ou* aimées.

Vous avez été aimés, *ou* aimées.

Ils ont été aimés, *ou* elles ont été aimées.

PRÉTÉRIT ANTÉRIEUR.

J'eus été aimé, *ou* aimée.

Tu eus été aimé, *ou* aimée.

Il eut été aimé, *ou* elle eut été aimée.

Nous eûmes été aimés, *ou* aimées.

Vous eûtes été aimés, *ou* aimées.

Ils eurent été aimés, *ou* elles eurent été aimées.

PLUSQUE-PARFAIT.

J'avois été aimé, *ou* aimée.

Tu avois été aimé, *ou* aimée.

Il avoit été aimé, *ou* elle avoit été aimée.

Nous avions été aimés, *ou* aimées.

Vous aviez été aimés, *ou* aimées.

Ils avoient été aimés, *ou* elles avoient été aimées.

FUTUR.

Je serai aimé, *ou* aimée.

Tu seras aimé, *ou* aimée.

Il sera aimé, *ou* elle sera aimée.

Nous serons aimés, *ou* aimées.

Vous serez aimés, *ou* aimées.

Ils seront aimés, *ou* elles seront aimées.

FUTUR PASSÉ.

J'aurai été aimé, *ou* aimée.

Tu auras été aimé, *ou* aimée.

Il aura été aimé, *ou* elle aura été aimée.

Nous aurons été aimés, *ou* aimées.

Vous aurez été aimés, *ou* aimées.

Ils auront été aimés, *ou* elles auront été aimées.

CONDITIONNELS.

PRÉSENT.

Je serois aimé, *ou* aimée.

Tu serois aimé, *ou* aimée.

Il seroit aimé, *ou* elle seroit aimée.

Nous serions aimés, *ou* aimées.

Vous seriez aimés, *ou* aimées.

Ils seroient aimés, *ou* elles seroient aimées.

PASSÉ.

J'aurois été aimé, *ou* aimée.

Tu aurois été aimé, *ou* aimée.

Il auroit été aimé, *ou* elle auroit été aimée.

Nous aurions été aimés, *ou* aimées.

Vous auriez été aimés, *ou* aimées.

Ils auroient été aimés, *ou* elles auroient été aimées.

On dit aussi *j'eusse été aimé, ou aimée, tu eusses été aimé, ou aimée, il eût été aimé, ou elle eût été aimée; nous eussions été aimés, ou aimées, vous eussiez été aimés, ou aimées, ils eussent été aimés, ou elles eussent été aimées.*

IMPÉRATIF.

Point de 1.re *personne.*

Sois aimé, *ou* aimée.

Point de 3.e personne.

Soyons aimés, *ou* aimées.

Soyez aimés, *ou* aimées.

Point de 3.e personne.

SUBJONCTIF.

PRÉSENT ou FUTUR.

Que je sois aimé, *ou* aimée.

Que tu sois aimé, *ou* aimée.

Qu'il soit aimé, *ou* qu'elle soit aimée.

Que nous soyons aimés, *ou* aimées.

Que vous soyez aimés, *ou* aimées.

Qu'ils

Qu'ils soient aimés, *ou* qu'elles soient aimées.

IMPARFAIT.

Que je fusse aimé, *ou* aimée.

Que tu fusses aimé, *ou* aimée.

Qu'il fût aimé, *ou* qu'elle fût aimée.

Que nous fussions aimés, *ou* aimées.

Que vous fussiez aimés, *ou* aimées.

Qu'ils fussent aimés, *ou* qu'elles fussent aimées.

PRÉTÉRIT.

Que j'aye été aimé, *ou* aimée.

Que tu ayes été aimé, *ou* aimée.

Qu'il ait été aimé, *ou* qu'elle ait été aimée.

Que nous ayons été aimés, *ou* aimées.

Que vous ayez été aimés, *ou* aimées.

Qu'ils aient été aimés, *ou* qu'elles aient été aimées.

PLUSQUE-PARFAIT.

Que j'eusse été aimé, *ou* aimée.

Que tu eusses été aimé, *ou* aimée.

Qu'il eût été aimé, *ou* qu'elle eût été aimée.

Que nous eussions été aimés, *ou* aimées.

Que vous eussiez été aimés, *ou* aimées.

Qu'ils eussent été aimés, *ou* qu'elles eussent été aimées.

INFINITIF.

PRÉSENT.

Être aimé, *ou* aimée.

PRÉTÉRIT.

Avoir été aimé, *ou* aimée.

PARTICIPES.

PRÉSENT.

Étant aimé, *ou* aimée.

PASSÉ.

Ayant été aimé, *ou* aimée.

FUTUR.

Devant être aimé, *ou* aimée

Accord des verbes avec leur sujet.

ON connoît le sujet d'un verbe , en faisant la question *qui est-ce qui* ? devant le verbe ; la réponse à cette question indique le sujet. Dans ces deux exemples , *Pierre lit*, *Pierre dort* : qui est-ce qui lit ? qui est-ce qui dort ? La réponse à ces questions indique *Pierre*, parce que *Pierre* est le sujet des verbes *dort*, *lit.*

Règle. Tout verbe doit être du même nombre et de la même personne que son sujet.

Ex. : *je parle : parle* est au sing. et de la première personne , parce que *je* son sujet est au singulier et de la première personne.

Vous parlez tous deux : parlez est au plur. et de la seconde personne , parce que *vous* son sujet est au pluriel et de la seconde personne.

Quand un verbe a deux sujets , il se met au pluriel.

Ex.: *Mon frère et ma sœur* lisent.

Si les deux sujets sont de différentes personnes, on met le verbe à la première de ces personnes.

Ex. *Vous et moi nous* lisons.

Vous et votre frère vous lisez.

Rem. Par politesse, en françois, on nomme

d'abord la personne à qui on parle , et l'on se nomme le dernier.

Accord du participe passif avec le sujet.

1.º Dans les temps composés des verbes qui se conjuguent avec l'auxiliaire être , le participe passif s'accorde avec le sujet du verbe.

> Ex.: *Mon père est* tombé. *Mes frères sont* tombés.
> *Ma sœur est* tombée. *Mes sœurs sont* tombées.

Exception unique. Il n'y a que dans les verbes réfléchis actifs que le participe passif ne s'accorde point avec le sujet ;

Ex.: Elle s'est *donné* des louanges.

2.º Dans les verbes qui se conjuguent avec *avoir* , le participe ne s'accorde point avec le sujet du verbe.

> Ex. : *Mon frère a* parlé.
> *Ma sœur a* parlé.
> *Mes frères ont* parlé.
> *Mes sœurs ont* parlé.

Le participe *parlé* ne varie point , quel que soit le genre et le nombre du sujet.

Du régime des verbes.

La plupart des verbes adjectifs demandent après eux un complément, qui est celui du participe qu'ils renferment ; c'est ce complément qu'on appelle *régime* des verbes.

Le régime d'un verbe est toujours ou un nom, ou un pronom, ou un infinitif.

Le régime est *simple* ou *composé*.

Le régime *simple* est celui qui est exprimé seul, et sans être accompagné d'aucun des mots *à*, *de* ou *par*.

Ex.: *J'aime* Dieu. *J'honore* la vertu.

On connoît le régime simple, en faisant la question, *qu'est-ce que?* devant le verbe. Dans le premier exemple ci-dessus : *qu'est-ce que* j'aime? la réponse indique *Dieu*, parce que Dieu est le régime simple du verbe j'aime.

Le régime *composé* est celui qui est précédé de quelqu'un des mots *à*, *de* ou *par*. Ex.: *Je vais à la campagne. Je viens de la ville. Il a été puni par le maître.*

Les seuls verbes actifs, exprimant une action qui a quelqu'un ou quelque chose pour objet immédiat, peuvent avoir un régime simple.

Le régime simple est ce qui reçoit l'action exprimée par le verbe. Ex.: *J'aime* Dieu. *Il enseigne* la grammaire.

Ces verbes actifs peuvent avoir un second régime, qui est composé, c'est-à-dire précédé d'un des mots *à* ou *de*.

Ex.: *Donner une image* à l'enfant.

Tous les autres verbes actifs et neutres,

ou n'ont point de régime, ou n'ont que le régime composé;

Ex.: *je danse. Je pense. Médire du prochain. Plaire au Seigneur.*

Le régime du verbe passif est précédé d'un des mots *par* ou *de.* Il exprime ce qui fait l'action soufferte par le sujet. Les verbes passifs sont opposés aux verbes actifs qui ont un régime simple, et il n'y a que ces verbes actifs qui aient un verbe passif correspondant.

Les régimes se placent ordinairement après le verbe, quand ils ne sont pas pronoms, comme dans les exemples ci-dessus; mais quand ils sont pronoms ils se mettent devant le verbe; comme, *je vous* aime, pour j'aime *vous.* Il *se* flatte, pour il flatte *soi.* il *se* donne des louanges, pour il donne *à soi.*

Accord du participe passif avec le régime.

Dans les temps composés des verbes actifs qui ont un régime simple, le participe passif s'accorde avec ce régime, quand il est placé avant le verbe;

Ex. : *la lettre que vous avez* écrite, *je l'ai* lue.

Les livres que j'avois prêtés *, on les a* rendus.

Quelle affaire avez-vous entreprise ? *Combien d'ennemis n'a-t-il pas* vaincus ?

Dans les verbes réfléchis actifs, les pronoms *me, te, se, nous, vous*, sont régimes *simples*, et employés pour *moi, toi, soi, nous, vous*; ou régimes *composés*, et employés pour *à moi, à toi, à soi, a nous, à vous*.

Le participe passif s'accorde avec ces pronoms, quand ils sont régimes simples ; on dira, en faisant accorder le participe : *Votre frère s'est* flatté, c'est-à-dire, *a* flatté *soi*.

Vos frères se sont flattés, c'est-à-dire, *ont* flatté *soi*.

Votre sœur s'est flattée, c'est-à-dire, *a* flatté *soi*.

Vos sœurs se sont flattées, c'est-à-dire, *ont* flatté *soi*.

Mais le participe passif ne s'accorde pas avec ces pronoms, quand ils sont régimes composés; on dira, sans faire accorder:

Votre frère s'est donné *la peine*, c'est-à-dire, *a* donné *à soi*.

Vos frères se sont donné *la peine*, c'est-à-dire, *ont* donné *à soi*.

Votre sœur s'est donné *la peine*, c'est-à-dire, *a* donné *à soi*.

Vos sœurs se sont donné *la peine*, c'est-à-dire, *ont* donné *à soi*.

Mais alors il y a toujours quelque nom ou pronom qui est le régime simple de ces verbes, et avec lequel le participe s'accorde, s'il est placé avant le verbe.

Ex.: *Le reproche qu'elle s'est* attiré.

Les reproches qu'elle s'est attirés.

La louange qu'il s'est attirée.

Les louanges qu'il s'est attirées.

On voit que le participe ne s'accorde pas avec le pronom *se*, qui est régime composé, pour *à soi*; mais avec le relatif *que*, mis pour *le reproche*, *les reproches*, etc., et, comme eux, du masculin ou du féminin, du singulier ou du pluriel.

Enfin, si le régime simple de ces verbes n'est placé qu'après eux, le participe reste invariable et ne s'accorde ni avec le sujet ni avec le régime simple, ni avec aucun des régimes composés; comme on peut le voir dans les exemples cités plus haut : *Vos frères se sont donné la peine*, etc.

Si le verbe actif est suivi d'un second verbe à l'infinitif, il faut bien faire attention si le régime appartient au premier ou au second verbe, ou à tous deux ensemble.

1.° Lorsque le régime simple appartient au premier des deux verbes, le participe passif de ce verbe s'accorde avec le régime; on dira d'une femme qui peignoit :

Je l'ai vue *peindre.*

Vue, parce que le régime simple *la*, pour *elle*, appartient au verbe *voir*, et non au verbe *peindre*.

2.º Lorsque le régime appartient au second verbe, ou à tous deux ensemble, le participe passif ne s'accorde pas avec ce régime. Par ex.: on dira d'une femme que l'on peignoit:

Je l'ai vu *peindre.*

Vu, parce que le régime *la*, pour *elle,* appartient au verbe *peindre*, et non au verbe *voir.*

On dira aussi: *les troupes que l'on a* fait *marcher.* On dira d'une femme: *on l'a laissé ou fait tomber.*

Laissé, fait, parce que les régimes simples *que* et *la* appartiennent aux deux verbes ensemble. Par la même raison, il faut dire: *j'ai lu tous les livres que j'ai* voulu. (sous-entendu, lire). *Il a fait tous les efforts qu'il a pu* (sous-entendu, faire).

Remarque. Pour connoître si le régime simple appartient au premier verbe, il faut voir si on peut mettre ce régime ou le nom dont il tient la place, immédiatement après le participe; alors il en est le régime et le participe s'accorde avec lui.

Si le régime ne peut se placer immédiatement après le participe, il n'est point régime du premier verbe, et le participe est invariable.

Le participe est toujours invariable dans les temps composés des verbes impersonnels. Ex.: *les chaleurs qu'il a* fait *l'été dernier.*

TABLEAU de la formation des temps simples et composés, dans lequel on a placé, sous un même coup d'œil, les temps primitifs, les terminaisons des temps simples qui en sont formés, et les temps des auxiliaires *avoir* et *être*, qui servent à conjuguer les temps composés.

TEMPS PRIMITIFS. PRÉSENT DE L'INFINITIF, PARTICIPE PRÉS., PART. PASSÉ, PRÉS. DE L'INDICATIF, PRÉTÉRIT DÉFINI.

TEMPS PRIMITIFS.	TEMPS DES VERBES.
INDICATIF.	
PRÉSENT.*	. . . .
Du participe présent, *ant.*	Les trois personnes du pluriel.
Du participe présent, *ant.*	L'imparfait. . . . .
PRÉTÉRIT DÉFINI.	. . . .
Du participe passé, avec le présent de l'auxiliaire.	Le prétérit indéfini. . . . . .
Du participe passé, avec le prétérit défini de l'auxiliaire.	Le prétérit antérieur. . . . .
Du participe passé, avec l'imparfait de l'auxiliaire.	Le plusque-parfait. . . . . .
Du présent de l'infinitif, en changeant *r* pour la première et la seconde conjugais. *oir* pour la troisième, *re* pour la quatrième en *rai,* etc.	Le futur simple. . . . .
Du participe passé, avec le futur simple de l'auxiliaire.	Le futur passé. . . . .

TERMINAISONS des temps simples, et temps de l'auxiliaire qui forment chaque temps composé.

Je,	*Tu,*	*Il, elle,*	*Nous,*	*Vous,*	*Ils, elles,*
e	es	e			
s	s	t			
. . . .	. . . .	. . . .	ons	ez	ent.
ois	ois	oit	ions	iez	oient.
ai	as	a	ûmes	âtes	erent.
is	is	it	îmes	îtes	irent.
us	us	ut	ûmes	ûtes	urent.
ins	ins	int	înmes	întes	inrent.
ni	as	a	avons	avez	ont.
suis	es	est	sommes	êtes	sont.
eus	eus	eut	cûmes	eûtes	eurent.
fus	fus	fut	fûmes	fûtes	furent.
avois	avois	avoit	avions	aviez	avoient.
étois	étois	étoit	étions	étiez	étoient.
rai	ras	ra	rons	rez	ront.
aurai	auras	aura	aurons	aurez	auront.
serai	seras	sera	serons	serez	seront.

TEMPS PRIMITIFS.	TEMPS DES VERBES.	Je,	Tu,	Il,	Nous,	Vous,	Ils.
CONDITIONNEL.							
Du présent de l'infinitif, en changeant *r* pour la 1.re et la 2.me conjug. *oir* pour la 3.me, et *re* pour la 4.me, en *rois*, etc.	Le présent . . . . :	rois	rois	roit	rions	riez	roient.
Du participe passé, avec le présent du conditionnel de l'auxiliaire.	Le passé	aurois serois	aurois serois	auroit seroit	aurions serions	auriez seriez	auroient. seroient.
IMPÉRATIF.							
Du présent de l'indicatif.	Un seul temps. :	. . . . .	Comme la 1.re person. sans le pronom.		Comme la 1.re person sans le pronom.	Comme la 2.e personn sans le pronom.	
SUBJONCTIF.							
Du participe présent, *ant.*	Le présent et le futur.	e	es	e	ions	iez	ent.
Du prétérit défini. . . { ai . . / is . . . / us . . / ins . .	L'imparfait.	asse isse usse insse	asses isses usses insses	ât ît ût int	assions issions ussions inssions	assiez issiez ussiez inssiez	assent. issent. ussent. inssent.
Du participe passé, avec le présent du subjonctif de l'auxiliaire.	Le prétérit.	aye sois	ayes sois	ait soit	ayons soyons	ayez soyez	aient. soient.
Du participe passé, avec l'imparfait du subjonctif de l'auxiliaire.	Le plusque-parfait.	eusse fusse	eusses fusses	eût fût	eussions fussions	eussiez fussiez	eussent. fussent.
INFINITIF.							
Présent.	. . . .	er ir oir re					

TERMINAISONS des temps simples, des temps de l'auxiliaire qui forment chaque temps composé.

TEMPS PRIMITIFS.	TEMPS DES VERBES.

INFINITIF.

Du participe passé, avec le présent de l'infinitif de l'auxiliaire.	Le prétérit. . . . .
Participe présent.	. . . .
Participe passé.	. . . .
Du partic. passé, avec le part. prés. de l'auxiliaire.	Le partic. passé actif *ou* neutr.
Du présent de l'infinitif, avec le participe, *devant*.	Le participe futur.
* Dans les verbes en *dre*, comme rendre, qui ne sont pas en *aindre*, comme craindre.	
Dans les verbes en *tre*, comme battre.	Le sing. du prés. de l'indicatif
Dans les verbes en *cre*, ccomme vaincre.	

On appelle *racine d'un verbe*, la partie invariable qui en indique la signification propre. On appelle *terminaisons*, les parties variables qui, par leurs changements, indiquent le mode, le temps, le nombre et la personne.

Terminaisons des temps simples, des temps de l'auxiliaire, qui forment chaque temps composé.

Je,	Tu,	Il,	Nous,	Vous,	Ils.
avoir.					
être.					
ant.					
variable.					
ayant.					
étant.					
ds	ds	d			
ts	ts	t			
cs	cs	c			

On forme chaque temps dérivé de la racine du temps primitif, que l'on joint aux terminaisons de ce temps dérivé; de cette manière : *temps présent*, aim-*ant* ; *temps dérivé*, aim-*ons*, vous aim-*ez*, ils aim-*ent*.

TABLEAU général de tous les verbes réguliers, avec les temps primitifs des verbes de chacune des que l'indication de tous les temps irréguliers, et fectueux.

irréguliers ou défectueux, des quatre conjugaisons; classes que renferme chaque conjugaison, ainsi de ceux qui n'existent pas dans les verbes dé-

VERBES.	PRÉSENT de l'infinitif.	PARTICIPE PRÉSENT.	PARTICIPE PASSÉ.	PRÉSENT de l'indicatif.	PRÉTÉRIT DÉFINI.	IRRÉGULARITÉS dans les temps des verbes.
				I.re CONJUGAISON.		
Avec l'auxiliaire *être* ou *avoir*.						
Aller.	aller	allant	allé – été	je vais *ou* vas	j'allai, je fus	*Pré. de l'ind.* Il va, ils vont. *Futur.* J'irai, etc. *Impératif.* Va. *Prés du subj.* Que j'aille, tu ailles, il aille; qu'ils aillent.
Avec *être* pour le participe *allé*. Avec *avoir* pour le participe *été*.						
Arriver (avec *être*).	arriver	arrivant	arrivé	j'arrive	j'arrivai	
Ainsi se conjuguent, décéder, entrer, rentrer, rester, retourner, tomber, retomber (tous également avec *être*). Avec l'auxiliaire *avoir* ou *être*. Aborder, demeurer, dérober, échapper, monter, passer, rester. Dans les verbes en *ger*, comme juger. . . . . ou ajoute toujours un *e* entre le *g* et les terminaisons qui commencent par un *a* ou par un *o*.	juger	jugeant	jugé	je juge	je jugeai	
Appeler.	appeler	appelant	appelé	j'appelle	j'appelai	
Envoyer. . . . . et renvoyer.	envoyer	envoyant	envoyé	j'envoie	j'envoyai	*Fut.* J'enverrai, etc. *Condit.* J'enverrois, etc.
Tous les autres verbes de la première conjugaison sont réguliers, et forment, de l'infinitif même, les autres temps primitifs, en changeant	er – aimer	en ant – aimant	é – aimé	e – j'aime	ai – j'aimai	

irréguliers

VERBES.	PRÉSENT de l'infinitif.	PARTICIPE PRÉSENT.	PARTICIPE PASSÉ.	PRÉSENT de l'indicatif.	PRÉTÉRIT DÉFINI.	IRRÉGULARITÉS dans les temps des verbes.
						II.e CONJUGAISON.
Bouillir.	bouillir	bouillant	bouilli	je bous	je bouillis	*Futur.* Je bouillirai ou je bouillerai. *Cond.* Je bouillirois ou je bouillerois.
Courir *ou* courre. . . . . Et ses composés accourir (qui se conjugue avec *avoir* ou *être* aux temps composés), Concourir, discourir, encourir, parcourir, recourir, secourir, s'entre-secourir.	courir	courant	couru	je cours	je courus	*Futur.* Je courrai. *Cond.* Je courrois, etc.
Couvrir. . . . . Conjuguez de même les composés découvrir, recouvrir; offrir; ouvrir, et les composés entr'ouvrir, rouvrir; souffrir.	couvrir	couvrant	couvert	je couvre	je couvris	
Cueillir. . . . . Et les composés accueillir, recueillir.	cueillir	cueillant	cueilli	je cueille	je cueillis	*Fut.* Je cueillerai. *Cond.* Je cueillerois.
Dormir. . . . . Et le composé endormir; sortir (avec l'auxiliaire *être* ou *avoir*); partir (avec l'auxiliaire *être*). Et le composé repartir (avec l'auxiliaire *être*); se repentir; sentir, et les composés consentir, pressentir, ressentir; servir, et les composés desservir, resservir.	dormir	dormant	dormir	je dors	je dormis	
Faillir. . . . . Et son composé défaillir.	faillir	faillant	failli	. . . . . .	je faillis	En usage à ces seuls temps et aux temps composés.
Fleurir (en parlant des arts).	fleurir	florissant	fleuri	il fleurit	il fleurit	
Fuir.	fuir	fuyant	fui	je fuis	je fuis	*Prés. de l'ind.* Ils fuient.
Mentir. . . . . Et son composé démentir.	mentir	mentant	menti	je ments	je mentis.	*Prés. de l'ind.* Ils mentent.
Mourir (avec l'auxiliaire *être*).	mourir	mourant	mort	je meurs	je mourus	*Futur.* Je mourrai. *Cond.* Je mourrois. *Prés. du subj.* Que je meure, que tu meures, qu'il meure; qu'ils meurent.

TEMPS PRIMITIFS.

VERBES.	PRÉSENT de l'infinitif.	PARTICIPE PRÉSENT.	PARTICIPE PASSÉ.	PRÉSENT de l'indicatif.	PRÉTÉRIT DÉFINI.	IRRÉGULARITÉS dans les temps des verbes.
Ouir.	ouïr	. . . . .	oui	. . . . .	j'ouïs	Usité à ces seuls temps, aux temps comp. et à l'imparf. du subj.
Quérir.	quérir	. . . . .	. . . . .	. . . . .	. . . . .	Usité à l'infinitif seulement.
Acquérir. . . . . Conjuguez de même, acquérir, requérir.	acquérir	acquérant	acquis	j'acquiers	j'acquis	Futur. J'acquerrai. Cond. J'acquerrois.
Conquérir.	conquérir	conquérant	conquis	. . . . .	je conquis	Usité à ces seuls temps, à l'imp. du subj. et aux temps compos.
Assaillir. . . . . Conjuguez de même tressaillir.	assaillir	assaillant	assailli	j'assaille	j'assaillis	Fut. J'assaillerai ou j'assaillirai. Cond. J'assaillerois ou j'assaillirois.
Tenir. . . . . Et les composés s'abstenir, appartenir, contenir, détenir, entretenir, maintenir, retenir, soutenir.	tenir	tenant	tenu	je tiens	je tins	Prés. de l'ind. Ils tiennent. Fut. Je tiendrai, etc. Cond. Je tiendrois. Subj. prés. Que je tienne, que tu tiennes, qu'il tienne; qu'ils tiennent.
Venir (avec l'auxiliaire être). . . . . . . Et les composés avenir, devenir, discouvenir, prévenir, provenir, se souvenir, se ressouvenir (tous avec l'auxiliaire être); convenir, contrevenir, subvenir, avec l'auxiliaire avoir ou être).	venir	venant	venu	je viens	je vins	Prés. de l'ind. Ils viennent. Fut. Je viendrai, etc. Prés. du cond. Je viendrois. Subj. prés. Que je vienne, que tu viennes, qu'il vienne; qu'ils viennent.
Vêtir. . . . . Et les composés dévêtir, revêtir, survêtir. Tous les autres verbes de la seconde conjugaison sont réguliers, et forment, de l'infinitif même, les autres temps primitifs, en changeant.	vêtir ir-finir	vêtant en ant finissant	vêtu i-fini	je vêts is-je finis	je vêtis is-je finis	ne;qu'ils viennent.

VERBES.	PRÉSENT de l'infinitif.	PARTICIPE PRÉSENT.	PARTICIPE PASSÉ.	PRÉSENT de l'indicatif.	PRÉTÉRIT DÉFINI.	IRRÉGULARITÉS dans les temps des verbes.
				III.ᵉ CONJUGAISON.		
Apercevoir. Conjuguez de même, concevoir, décevoir, percevoir, recevoir.	apercevoir	apercevant	aperçu	j'aperçois	j'aperçus	*Prés. de l'ind.* Ils aperçoivent. *Prés. du subj.* Que j'aperçoive, que tu aperçoives, qu'il aperçoive; qu'ils aperçoivent.
Devoir. . :	devoir	devant	dû	je dois	je dus	*Prés. de l'ind.* Ils doivent. *Prés. du subj.* Que je doive, que tu doives, qu'il doive; qu'ils doivent.
Choir.	choir	. . . . .	chu	. . . . .	. . . . .	En usage à ces seuls temps.
Déchoir (avec l'auxiliaire *être*).	déchoir.	. . . . .	déchu.	je déchois.	je déchus.	*Prés. de l'ind.* Nous déchoyons, *ou* nous déchéons. – Ils déchoient. *Fut.* Je décherrai. *Cond* Je décherrois. *Prés. du subj.* Que je déchoie.
Echoir (avec l'auxiliaire *être*).	échoir.	échéant.	échu.	il échet. *ou* il échoit	j'échus.	*Fut.* J'écherrai. *Cond.* J'écherrois,
Falloir. . :	falloir.	fallant.	fallu.	il faut.	il fallut.	*Fut.* Il faudra. *Cond.* Il faudroit. *Pr. du s.* Qu'il faille.
Mouvoir. . . . . Et le composé *émouvoir.*	mouvoir.	mouvant.	mu.	je meus.	je mus.	*Prés. de l'ind.* Ils meuvent. *Prés. du subj.* Que je meuve, que tu meuves, qu'il meuve, qu'ils meuvent.

VERBES.	PRÉSENT de l'infinitif.	PARTICIPE PRÉSENT.	PARTICIPE PASSÉ.	PRÉSENT de l'indicatif.	PRÉTÉRIT DÉFINI.	IRRÉGULARITÉS dans les temps des verbes.
Pleuvoir.	pleuvoir	pleuvant.	plu.	il pleut.	il plut.	
Pourvoir. . . . . •	pouvoir.	pourvoyant.	pourvu.	je pourvois.	je pourvus.	*Fut.* Je pourvoirai. *Cond.* Je pourvoirois.
Pouvoir.	prévoir	pouvant.	pu.	je peux ou je puis.	je pus.	*Prés. de l'ind.* tu peux, ils peuvent. *Fut.* Je pourrai, etc. *Cond.* Je pourrois, etc. *Prés du subj.* Que je puisse, etc.
Prévoir.	pourvoir.	prévoyant.	prévu.	je prévois.	je prévis.	*Fut.* Je prévoirai. *Cond.* Je prévoirois.
Savoir.	savoir.	sachant.	su.	je sais.	je sus.	*Pr. de l'ind.* Nous savons, etc. *Imparf.* Je savois, etc. *Fut.* Je saurai. *Cond.* Je saurois.
Seoir.	seoir.	seyant.		il sied.		*Prés. de l'ind.* Ils siéent. *Fut.* Il siéra, ils siéront. *Cond.* Il siéroit, ils siéroient. *Prés. du subj.* Qu'il siée, qu'ils siéent.
Surseoir.	Surseoir.	sursoyant.	sursis.	je sursois.	je sursis.	N'est usité qu'aux 3.es personne de ces seuls temps. N'a pas de temps composés.

VERBES.	PRÉSENT de l'infinitif.	TEMPS PRIMITIFS.				IRRÉGULARITÉS dans les temps des verbes.
		PARTICIPE PRÉSENT.	PARTICIPE PASSÉ.	PRÉSENT de l'indicatif.	PRÉTÉRIT DÉFINI.	
S'asseoir.	s'asseoir.	s'asseyant.	assis.	je m'assieds.	je m'assis.	*Fut.* Je m'assiérai, ou je m'asséyerai. *Cond.* Je m'assiérois où je m'asséyerois. *Imper.* Assieds-toi. *Imparf. du subj. reg.* Point de première ni de seconde personne du pl.
Valoir. . . . . Et les composés prévaloir (régulier au prés. du subj). Équivaloir, revaloir.	valoir.	valant.	valu.	je vaux.	je valus.	*Fut.* Je vaudrai; *Cond.* Je vaudrois. *Prés. du subj.* Que je vaille, que tu vailles, qu'il vaille qu'ils vaillent.
Voir.	voir.	voyant.	vu.	je vois.	je vis.	*Fut.* Je verrai. *Cond.* Je verrois.
Vouloir.	vouloir.	voulant.	voulu.	je veux.	je voulus.	*Prés. de l'ind.* Ils veulent. *Fut.* Je voudrai. *Cond.* Je voudrois. *Prés. du subj.* Que je veuille, que tu veuilles, qu'il veuille; qu'ils veuillent.

IV.e CONJUGAISON.

VERBES.	PRÉSENT de l'infinitif.	PARTICIPE PRÉSENT.	PARTICIPE PASSÉ.	PRÉSENT de l'indicatif.	PRÉTÉRIT DÉFINI.	IRRÉGULARITÉS
Absoudre. . . . . Et les composés dissoudre, résoudre (pour signifier *dissoudre*).	absoudre.	absolvant.	absous.	j'absous.	. . . . .	Point d'imp. du subj.
Résoudre.	résoudre.	résolvant.	résolu.	je résous.	je résolus.	
Battre. . . . . Et les composés abattre, débattre, combattre, rabattre et rebattre.	battre.	battant.	battu.	je bats.	je battis.	

VERBES.	PRÉSENT de l'infinitif.	TEMPS PRIMITIFS.				IRRÉGULARITÉS dans les temps des verbes.
		PARTICIPE PRÉSENT.	PARTICIPE PASSÉ.	PRÉSENT de l'indicatif.	PRÉTÉRIT DÉFINI.	
Boire.	boire.	buvant.	bu.	je bois.	je bus.	*Prés. de l'ind.* Ils boivent. *Pr. du subj.* Que je boive, que tu boives, qu'il boive; qu'ils boivent.
Conclure. . . . . Et le composé exclure.	conclure.	concluant.	conclu. exclus.	je conclus.	je conclus.	
Conduire. . . . . Et les composés, éconduire, reconduire; déduire, détruire, enduire, induire, réduire, séduire, traduire.	conduire.	conduisant.	conduit.	je conduis.	je conduisis.	
Cuire.	cuire.	cuisant.	cuit.	je cuis.	je cuisis.	
Clorre. . . . . Et les composés enclorre, renclorre.	clorre.	. . . . .	clos.	je clos,	. . . . .	En usage à ces seuls temps, au futur, au conditionuel et aux temps composés.
Eclore (avec l'auxiliaire *être*)	éclore.	. . . . .	éclos.	il éclot. ils éclosent.	. . . . .	En usage à ces seuls temps et à leurs dérivés. Usité aux troisièmes personnes seulement.
Croire. . . . . Le composé accroire.	croire.	croyant.	cru.	je crois.	je crus.	Usité au *prés. de l'inf.* seulement.
Craindre. . . . . Et les verbes astreindre, atteindre, aveindre, éteindre, étreindre, feindre, joindre, et les composés, adjoindre, enjoindre, rejoindre; oindre, plaindre, teindre.	craindre.	craignant.	craint.	je crains	je craignis.	
Descendre (avec *être* ou *avoir*). . . . . . Et les autres verbes en *dre*, attendre, condescendre, fendre, défendre, pendre, dépendre, épandre, répandre, suspendre, rendre, vendre, revendre, survendre,	descendre.	descendant.	descendu.	je descends.	je descendis.	

VERBES.	PRÉSENT de l'infinitif.	PARTICIPE PRÉSENT.	PARTICIPE PASSÉ.	PRÉSENT de l'indicatif.	PRÉTÉRIT DÉFINI.	IRRÉGULARITÉS dans les temps des verbes.
tendre, détendre, entendre, étendre, prétendre, perdre, fondre, confondre, refondre, morfondre, répondre, correspondre, tondre.						
Prendre.	prendre.	prenant.	pris.	je prends.	je pris.	
Et les composés apprendre, comprendre, surprendre, reprendre.						
Coudre.	coudre.	cousant.	cousu.	je cous.	je cousis.	
Et les composés découdre et recoudre.						
Moudre.	moudre.	moulant.	moulu.	je mouds.	je moulus.	
Et les composés émoudre, remoudre.						
Dire.	dire.	disant.	dit.	je dis.	je dis.	*Prés. de l'ind.* Vous dites.
Et le composé redire.						
Les autres composés dédire, interdire, contredire, médire, maudire, prédire, sont réguliers.						
Et les verbes confire, circoncire..	. . . . .	. . . . .	circoncis.			
Écrire.	écrire.	écrivant.	écrit.	j'écris.	j'écrivis.	
Et les composés circonscrire., décrire, inscrire, prescrire, proscrire, récrire, souscrire, transcrire.						
Frire.	frire. .	. . . . .	frit.	. . . . .	. . . . .	Usité au prés. de l'ind. au futur, au conditionnel, à la 2.e pers. sing. de l'impératif et aux temps composés.
Lire.	lire.	lisant.	lu.	je lis.	je lus	
Et les composés élire, relire.						
Luire. . . . . , ...	luire.	luisant.	lui.	je luis.	je luis.	
Et le composé reluire ; nuire, suffire.						
Rire.	rire.	riant.	ri.	je ris.	je ris.	
Et le composé sourire.						
Faire.	faire.	faisant.	fait.	je fais.	je fis.	*Pr. de l'ind.* Vous faites, ils font. *Fut.* Je ferai, etc. *Cond.* Je ferois, etc. *Prés. du subj.* Que je fasse, etc.
Et les composés contrefaire, défaire, refaire, satisfaire, surfaire.						

VERBES.	PRÉSENT de l'infinitif.	TEMPS PRIMITIFS.				IRRÉGULARITÉS dans les temps des verbes.
		PARTICIPE PRÉSENT.	PARTICIPE PASSÉ.	PRÉSENT de l'indicatif.	PRÉTÉRIT DÉFINI.	
Les autres composés, forfaire, malfaire, méfaire, parfaire. . . .		. . .	. . .		. . .	Usités au présent de l'inf. et aux temps composés.
Plaire. . . .	plaire.	plaisant.	plu.	je plais.	je plus.	
Et les composés, complaire, déplaire; taire.						
Traire. . . .	traire.	trayant.	trait.	je trais.	. . . . .	Point d'imparfait du subjonctif.
Et attraire, distraire, extraire, rentraire, retraire.						
Mettre. . . .	mettre.	mettant.	mis.	je mets.	je mis.	
Et les composés admettre, commettre, compromettre, demettre, omettre, promettre, permettre, soumettre, transmettre.						
Naître (avec l'auxiliaire *être*).	naître.	naissant.	né.	je nais.	je naquis.	
Paroître. . . .	paroître.	paroissant.	paru.	je parois.	je parus.	
Et les composés apparoître, comparoître, disparoître; (tous, avec *avoir* ou *être*); connpître, et le composé reconnoître. — Croître, et les composés accroître, décroître, recroître, (tous avec *avoir* ou *être*).						
Paître. . . .	paître.	paissant.	. . . . .	je pais.	. . . . .	Usité à ces seuls temps, et à leurs dérivés.
Rompre. . . .	rompre.	rompant.	rompu.	je romps.	je rompis.	
Et les composés, corrompre et interrompre.						
Soudre. . . .	. . . .	. . . .	. . . .	. . . .	. . . .	Usité à l'inf. seulement.
Suivre. . . .	suivre.	suivant.	suivi.	je suis.	je suivis.	
Et le composé poursuivre.						
Vivre. . . .	vivre.	vivant.	vécu.	je vis.	je vécus.	
Et les composés revivre et survivre.						
Vaincre. . . .	vaincre.	vainquant	vaincu.	je vaincs.	je vainquis.	
Et le composé convaincre.						

CHAPITRE CINQUIÈME.
DE LA PRÉPOSITION (1).

La *préposition* est un mot invariable qui sert à lier les autres mots, et à marquer le rapport qui existe entr'eux. Elle a toujours un complément, qu'on appelle son régime ; ce régime est le mot qu'elle lie à celui qui la précède.

EXEMPLES :

POUR MARQUER LE LIEU.

A — aller *à* Rome.
Attenant / *Joignant* — chapelle *attenant* / *joignant* le château.
Chez — être *chez* ses parents.
Dans — entrer *dans* la maison.
De — venir *de* la ville.
Deçà — *deçà* les monts.
Delà — *delà* les monts.
Parmi — Cet officier fut trouvé *parmi* les morts.
Sous — tout ce qui est *sous* le ciel.
Sur — mettre un chapeau *sur* sa tête.
Vers — lever les yeux *vers* le ciel.

POUR MARQUER L'ORDRE.

Avant — les fleurs viennent *avant* les fruits.
Après — les vendanges se font *après* la moisson.
Devant — allez *devant* moi.
Derrière — les laquais sont *derrière* leurs maîtres.
Entre — l'été est *entre* le printemps et l'automne.

______

(1) Du mot latin *præponere* (mettre avant), parce qu'elle se place toujours avant son régime.

L'ESPACE.
{
Dès — il est parti *dès* l'aurore.
Durant — *durant* la dernière guerre.
Depuis — *depuis* Paris jusqu'à Orléans.
Pendant — les arts fleurissent *pendant* la paix.
}

L'OPPOSITION
{
Contre — plaider *contre* quelqu'un.
Malgré — il est parti *malgré* l'orage.
Nonobstant — il a fait cela, *nonobstant* mes représentations.
}

L'EXCEPTION.
{
Sans — les soldats *sans* leurs officiers.
Excepté — il a tout perdu, *excepté* la sagesse.
Hors — tout est perdu, *hors* l'honneur.
Hormis — j'emporte tout, *hormis* ce livre.
Outre — compagnie de cent hommes, *outre* les officiers.
}

L'UNION.   *Avec* — jouer *avec* ses amis.

LA MANIÈRE
{
Selon — juger *selon* l'équité.
Suivant — se conduire *suivant* la raison.
}

LA CAUSE.   *Attendu* — le courrier n'a pu partir, *attendu* le mauvais temps.

LE MOYEN.
{
Moyennant — j'espère, *moyennant* la grâce de Dieu.
Par — fléchir *par* ses prières.
}

LE BUT.
{
Envers — charitable *envers* les pauvres.
Pour — travailler *pour* le bien public.
Touchant
Concernant — il m'a écrit *touchant* *concernant* cette affaire.
}

CHAPITRE SIXIÈME.

DE L'ADVERBE.

L'ADVERBE est un mot invariable, qui se joint aux adjectifs, aux verbes, et même à d'autres adverbes, pour modifier leur signification; comme dans ces phrases : *Dieu est* infiniment *juste. Cet enfant parle* distinctement. *Il écrit* très-mal.

Les adverbes qui viennent des adjectifs se forment en ajoutant *ment,* au masculin des adjectifs terminés par une voyelle, et au féminin de ceux terminés par une consonne ; comme, *vraiment,* de *vrai; poliment,* de *poli; ingénument,* d'*ingénu; grandement,* de *grande; franchement,* de *franche; doucement,* de *douce.*

Cependant ceux qui viennent des adjectifs terminés en *ant* ou en *ent*, se forment en changeant *ant* en *amment*, ou *ent* en *emment;* comme, *constamment*, de *constant; prudemment,* de *prudent.*

L'adverbe équivaut toujours à une préposition et son complément ; comme, *sagement, avec sagesse; poliment, avec politesse,* etc.

La plupart des adverbes n'ont point de complément.

Quelques-uns en ont. Cependant , c'est celui du régime même de la préposition qu'ils renferment. Ex. :

Conformément *à vos ordres ;* c'est-à-dire, avec conformité *à vos ordres.*

Il y a sept sortes d'adverbes ; savoir : les adverbes de *manière ,* de *motif ,* de *quantité ,* de *temps ,* de *lieu ,* d'*ordre* et de *distance.*

1.° *Pour marquer la manière.*

Tous les adverbes terminés en *ment ,* hors les adverbes numéraux ; comme, *sagement , prudemment , comment , incessamment ,* etc.

Ex. : Cet enfant se conduit *sagement.*

Ainsi — *ainsi* parle cet homme.

Avant — ce coup est entré fort *avant.*

Bien — vous parlez *bien.*

Mal — vous écrivez *mal.*

Mieux — il fait *mieux.*

Pis — il fait *pis.*

Debout — se tenir *debout.*

Surtout — *surtout* venez me voir.

Enfin , tous les adjectifs employés comme adverbes. Ex. : Parler *haut.* Parler *bas.* Rester *court ,* etc.

2.° *Le motif.*

Exprès — il a dit cela *exprès.*

Pourquoi — *pourquoi* lisez-vous ?

3.° *La quantité.*

Assez , aussi , autant , bien , fort , moins , peu , plus , tant , si. Ex. : *Plus* sage, *aussi* sage que vous.

Combien — *combien* y a-t-il de voyelles?

Quelque — *quelque* savant que vous soyez, il faut être modeste.

4.º *Le temps.*

Autrefois, bientôt, désormais, encore, jadis, jamais, long-temps, maintenant, plutôt, quelquefois, souvent. Ex. : Cet enfant parle *toujours*, et ne s'applique *jamais*.

5.º *Le lieu.*

Autour, çà, là, deçà, delà, ici, où, en, y, partout. Ex. : Venez *ici*, allez *là*.

6.º *L'ordre.*

Les adverbes numéraux, *premièrement, secondement*, etc.

Enfin, ensuite, puis, après. Ex. : Premièrement *il faut faire le bien*, puis *il faut éviter de faire le mal.*

7.º *La distance.*

Loin, près, proche, auprès. Ex. : *Il ne faut être ni trop* près, *ni trop* loin.

Degrés de signification.

La qualification dans les adjectifs, et la modification dans certains adverbes, est susceptible de différents degrés; c'est ce qu'on appelle *degrés de signification.*

Il y a trois degrés de signification; savoir : le *positif*, le *comparatif* et le *superlatif.* Les adverbes de quantité, *plus, moins, autant, aussi;* le *plus*, etc. marquent ces modifications de l'adjectif et de l'adverbe.

Le positif est l'adjectif ou l'adverbe simple ; comme, *sage, agréable ; sagement, agréablement.*

Le comparatif est l'adjectif ou l'adverbe avec comparaison. Quand on compare deux choses, on trouve que l'une est supérieure à l'autre, ou inférieure à l'autre, ou égale à l'autre.

Plus, mis devant l'adjectif ou l'adverbe, marque un comparatif de supériorité ; *moins*, marque un comparatif d'infériorité ; *aussi, autant*, marquent un comparatif d'égalité ; comme, *plus sage, plus sagement ; moins sage, moins sagement ; aussi sage, aussi sagement* que vous.

Le *que*, mis après le comparatif, est une conjonction, et sert à joindre les deux choses que l'on compare.

L'adjectif ou l'adverbe est au superlatif, quand il exprime la qualité ou la modification dans un très haut degré, et alors, c'est un superlatif *absolu ;* ou dans le plus haut degré, et alors, c'est un superlatif *relatif.*

Très, fort, bien, devant l'adjectif ou l'adverbe, marquent un superlatif absolu ; comme, *très sage, fort sage, bien sage ; très sagement, fort sagement, bien sagement.*

Plus, moins, précédés de l'article *le, la, les*, devant l'adjectif ou l'adverbe, marquent un superlatif relatif. Ex. : *Le plus sage, le moins sage* de tous ; *le plus sagement, le moins sagement.*

Ils marquent encore un superlatif relatif, quand ils sont précédés des adjectifs, *mon, ton, son; notre, votre, leur.* Ex. : *Mon plus fidèle ami.*

Il n'y a, en françois, que trois adjectifs qui expriment seuls une comparaison : *meilleur*, au lieu de *plus bon*, qui ne se dit pas (1); *pire*, au lieu de *plus mauvais; moindre*, au lieu de *plus petit.*

L'adverbe *bien* fait *mieux*, au lieu de *plus bien; mal* fait *pis*, au lieu de *plus mal.*

Ces mêmes adjectifs comparatifs, *meilleur, pire, moindre*, et les adverbes *mieux* et *pis* sont au superlatif, quand ils sont précédés de *le, la, les; mon, ton, son; notre, votre, leur.* Ex. : *mon meilleur ami.*

CHAPITRE SEPTIÈME.

DE LA CONJONCTION (2).

LA *conjonction* est un mot invariable, qui sert à joindre ensemble les différentes par-

---

(1) On peut cependant dire *plus bon*, quand bon se prend en mauvaise part, et signifie *niais, simple.*
(2) Du mot latin *conjungere* (joindre ensemble).

ties du discours; comme dans cette phrase: *Parlez peu* et *parlez bien*, si *vous voulez* qu'on *vous regarde* comme *un homme d'es-prit.*

Différentes espèces de conjonctions.

Pour lier les phrases.
Que — il faut *que* l'on s'entr'aide.

Pour ajouter.
Et, ni — lui *et* moi; *ni* lui, *ni* moi.

Pour marquer opposition.
Bien que, cependant, encore que, mais, néanmoins, pourtant, quoique, toutefois. Ex.: On dit qu'il vient, *mais* je n'en crois rien.

Pour motiver.
Car, parce que, puisque, vu que. Ex.: Il ne cédera pas, *car* il est fort entêté.

Pour marquer l'alternative.
Ou, ou bien, soit, soit que, sinon, tantôt. Ex. : C'est vous *ou* moi.

Pour marquer une condition.
Pourvu que, si. Ex.: J'y consens, *si* vous voulez.

Pour comparer.
Comme, ainsi que. Ex. : Ils sont l'un *comme* l'autre.

Pour marquer l'intention.
Afin que — je vous le dis, *afin que* vous le sachiez.

Pour marquer le temps.
Lorsque, quand — vous partirez *quand* vous voudrez.

Pour conclure.
Donc, or, partant, par conséquent, quant. Ex. : je pense *donc* je suis.

Il y a quelques mots qui sont tantôt prépositions, tantôt adverbes, tantôt conjonctions; tels que *avant, deçà, delà, aussi, si,* etc. comme on peut le voir dans les exemples précédents; ce qui dépend du sens dans lequel ils sont pris. On en distingue aisément la nature, quand on conçoit bien celle des prépositions, des adverbes et des conjonctions.

Il y a une foule d'expressions composées auxquelles on a donné le nom d'*adverbes* et de *conjonctions;* ce sont toutes phrases conjonctives ou adverbiales; comme, *d'autant mieux, d'autant moins, à condition que, c'est-pourquoi.*

CHAPITRE HUITIÈME.

DE L'INTERJECTION.

L'INTERJECTION est un mot invariable, qui sert à exprimer un mouvement de l'âme, comme la joie, la douleur, la tristesse, etc.
La joie. — *Ah! bon!*

La douleur. — *Aïe! ah! hélas! ouf!*
La crainte. — *Ha! hé!*
L'aversion. — *Fi, fi donc.*
L'admiration. — *Oh!*
Pour encourager. — *Ça, allons, courage.*
Pour appeler. — *Hola! hé!*
Pour faire taire. — *Chut, paix.*

CHAPITRE NEUVIÈME.

DE LA PROPOSITION.

Pour former une proposition, il faut assembler les mots de manière que leur réunion présente à l'esprit un sens complet.

Les propositions mises en rapport les unes avec les autres, ou par le sens, ou par des conjonctions, forment des phrases et des périodes.

La proposition est appelée *simple*, quand elle n'a qu'un seul sujet et un seul attribut. Ex. : *Le monde est grand.*

La proposition est *composée*, quand elle a plusieurs sujets ou plusieurs attributs.

Ex. : Le *lion* et le *tigre* sont *ardents.*
Le *lion* est *ardent* et *furieux.*
Le *lion* et le *tigre* sont *ardents* et *furieux.*

La proposition est *incomplexe*, quand le

sujet et l'attribut, soit simples, soit composés, sont exprimés par un seul mot.

Ex.: Le *soleil* est *lumineux*.

Le *vice* et la *vertu* sont *opposés*.

La proposition est *complexe*, quand le sujet ou l'attribut, ou même l'un et l'autre sont exprimés par plusieurs mots.

Ex. : La *sagesse des hommes* est fragile.

L'orgueil est *l'écueil de toutes les vertus*.

Les propositions, dans le discours, sont *principales*, *incidentes* ou *subordonnées*. Ex. :

» Sur un autel dressé près d'une source pure,
» Qu'ils ornoient, à l'envi, de fleurs et de verdure,
» Chacun venoit offrir les prémices des fruits
» Que d'un soleil ardent les feux avoient mûris.

La proposition principale est celle qui énonce la chose principale qu'on a dessein de dire. Dans l'exemple ci-dessus :

Chacun venoit offrir les prémices des fruits,

est la proposition principale.

On appelle proposition incidente, celle qui entre dans une phrase pour affirmer quelque chose d'un des objets de cette phrase.

On les distingue en *explicatives* et en *déterminatives*.

Elles sont explicatives, quand elles ne font que développer et ajouter quelqu'idée accessoire.

Elles sont déterminatives, quand elles déterminent ou restreignent la nature de l'objet.

Les premières peuvent être ôtées sans nuire à l'intégrité de la phrase dans laquelle elles entrent.

Les secondes ne peuvent pas l'être sans en changer le sens. Dans le même ex. :

Qu'ils ornoient, à l'envi, de fleurs et de verdure, est une proposition incidente, explicative du mot *autel.*

Que d'un soleil ardent les feux avoient mûris, est une proposition incidente, déterminative du mot *fruits.*

Les propositions subordonnées sont soumises à d'autres popositions, dont elles annoncent quelque circonstance. Par ex. :

Sur un autel dressé près d'une source pure, est une proposition subordonnée à la principale.

Elles sont également explicatives et déterminatives ; mais on les distingue des propositions incidentes, en ce qu'elles sont, d'ordinaire, formées d'une préposition avec son complément, ou amenées par quelque conjonction ; au lieu que la proposition incidente est annoncée par le pronom relatif.

De plus, la proposition incidente n'a qu'une place, qui est toujours immédiatement après l'objet qu'elle explique ou qu'elle détermine, et elle n'en est jamais éloignée.

La proposition subordonnée, au contraire, peut occuper diverses places, et choisir celle qui convient le mieux à la clarté et à l'harmonie de l'expression. Dans cet ex. :

Il faut, autant qu'on peut, obliger tout le monde,

autant qu'on peut, est une proposition subordonnée à la principale. On peut la transposer ainsi :

Autant qu'on peut, il faut obliger tout le monde. Ou bien : Il faut obliger tout le monde, *autant qu'on peut*.

CHAPITRE DIXIÈME.

DE LA PONCTUATION.

On appelle *ponctuation*, l'art d'indiquer, en écrivant, par des signes convenus, les repos à observer dans le discours, suivant le rapport et le plus ou moins de liaison qu'ont, entr'elles, les différentes propositions qui le composent.

Il y a différents signes de ponctuation :

1.º La virgule (,).
2.º Le point-virgule (;).
3.º Le deux points (:).
4.º Le point (.).
5.º Le point interrogatif (?).
6.º Le point exclamatif (!).
7.º L'alinéa.

Le trait d'union (-).
Le trait de séparation (—).
Les points suspensifs (........).
La parenthèse (( )).
Les guillemets (»).

Usage de la virgule.

1.º On emploie la *virgule*, pour séparer les divers sujets, les divers attributs d'une même proposition, ou les divers compléments d'un même mot. Ex.: le général, l'officier, le soldat se sont distingués également.

Cependant la conjonction, entre deux sujets, deux attributs, ou deux compléments peu composés, exclut la virgule. Ex.: le général, l'officier et le soldat se sont distingués également.

2.º La *virgule* se met encore entre deux membres d'une phrase, quand ni l'un ni l'autre ne sont sous-divisés. Ex.: *l'homme manque souvent de raison, quoiqu'il se définisse un être raisonnable.*

3.º Toute proposition incidente explicative, et qu'on pourroit retrancher sans nuire à la valeur de l'expression, doit être circonscrite par deux virgules. Ex.: *les plus grands talents, qui sont des dons du ciel, valent mieux que les qualités du cœur.*

Mais quand la proposition incidente est

déterminative, il faut l'écrire sans la première virgule. Ex.:

L'homme dont vous m'avez vanté les talents, *est fort au-dessous de sa renommée.*

4.º Quand une proposition subordonnée précède ou suit celle dont elle dépend, on l'en sépare par une virgule ; quand elle est enclavée dans le corps même de la proposition, on la circonscrit par deux virgules. Ex.: *il faut*, autant qu'on peut, *obliger tout le monde.*

Les compléments nécessaires des mots, tels que ceux des noms, des adjectifs, des verbes, ne doivent être interrompus par aucun signe de ponctuation. Ex : *je préfère le témoignage de ma conscience à tous les discours qu'on peut tenir de moi.*

5.º Enfin, toute addition ou toute répétition faite dans le corps de la proposition, sans qu'elle soit nécessaire, doit être circonscrite par deux virgules. Ex.: *daigne, daigne, mon Dieu*, seconder mes efforts!

Usage du point-virgule.

Le point-virgule sert à séparer plusieurs membres de phrases, déjà sous-divisés par des virgules. Ex.: *le glaive du méchant, toujours altéré de sang et avide de carnage, peut bien frapper le corps du juste ; il ne peut atteindre son âme.*

Usage

Usage des deux points.

1.º Les *deux points* servent à séparer deux membres de phrase, déjà sous-divisés par des virgules et des points-virgules. Ex.:

L'esprit, les talents, le génie, procurent la célébrité; c'est le premier pas vers la renommée: mais les avantages en sont, peut-être, moins réels que ceux de la réputation d'honneur.

2.º On met les deux points après une phrase finie, mais suivie d'une autre qui sert à l'étendre ou à l'éclaircir. Ex. : *Il ne faut jamais se moquer des misérables : car qui peut s'assurer d'être toujours heureux ?*

Les deux points se placent encore à la suite d'une proposition servant à annoncer une énumération, une citation qui suit immédiatement. Ex.: *Il y a diverses sortes de curiosité : l'une d'intérêt, qui nous porte à desirer d'apprendre ce qui peut nous être utile; l'autre d'agrément, qui vient du desir de savoir ce que les autres ignorent.*

Il se leva, et prononça ces paroles :
Exemple :

Usage du point, du point interrogatif, du point exclamatif et de l'alinéa.

Le *point* se met à la fin des phrases et des périodes dont le sens est complet.

EXEMPLE:

Tôt ou tard, la vertu, les grâces, les talents,
Sont vainqueurs des jaloux, et vengés des méchants.

Le *point interrogatif* s'emploie quand on interroge. Ex.: *A qui ce magnifique séjour est-il destiné ?*

Le *point exclamatif* s'emploie après une exclamation produite par une sensation vive. Ex. : *Qu'un ami véritable est un trésor précieux !*

Lorsque l'on passe d'une matière à une autre, on abandonne une ligne non encore achevée, pour écrire à la ligne suivante que l'on fait même rentrer un peu en dedans ; c'est ce qu'on appelle *alinéa*, écrire *alinéa* ou à la ligne.

Usage du trait d'union , du trait de séparation , des points suspensifs et des guillemets.

Le *trait d'union* sert à lier deux mots entr'eux pour n'en faire qu'un seul. Ex.: un *arc-en-ciel*.

Il s'emploie encore pour unir au verbe un pronom personnel qui, devant être placé avant ce verbe, se trouve transporté après; Ex. : *Parlez-moi. Que dites-vous ?*

Le *trait de séparation* s'emploie pour séparer les paroles de personnes qui se parlent et se répondent successivement. Ex.: *Où allez-*

vous? — à Paris. Et vous? — à Rouen. Qui a dit cela? — moi.

Les *points suspensifs* se mettent après des phrases interrompues, dans un style agité et entrecoupé. Ex.: *Pour appaiser les dieux, je priai. . . . . Je promis. . . . . .*

On emploie la *parenthèse* pour enfermer des mots qui, quoique étrangers à la phrase, s'y trouvent placés. Ex. : *Il (Dieu) a créé le monde par sa toute-puissance.*

Les *guillemets* se mettent à la tête des lignes qui sont employées à rapporter une citation. Ex. : Il lui adresse cette courte prière :
« O mon Dieu, qui êtes sans cesse l'objet
» de mes louanges, daignez m'être propice! »

REMARQUES SUR LA SYNTAXE (1).

Sur le nom.

Il y a des noms composés de deux ou de plusieurs mots, unis ensemble par un trait d'union, pour indiquer qu'ils ne font qu'un seul mot.

Lorsqu'ils sont composés d'un adjectif et d'un nom, l'adjectif s'accorde avec le nom ; comme, un *arc-boutant*, des *arcs-boutants; courte-haleine; courtes-lettres.*

1.º Cependant l'adjectif *demi*, qui n'a point

---

(1) La syntaxe est l'arrangement et la construction des mots, suivant les règles que l'usage et la grammaire ont établies.

de pluriel, ne varie point quand il est placé devant un nom. Ex.: *demi-pied;* une *demi-livre;* mais quand il est placé après le nom, il en est séparé par la conjonction *et;* alors il prend le genre du nom. Ex.: un pied et *demi;* une livre et *demie.*

Il en est de même de l'adjectif *nu;* on dit : *nu*-pieds, *nu*-tête, *nu*-jambes; mais quand cet adjectif est placé après le nom, il en prend le genre et le nombre; on dit: pieds *nus,* tête *nue,* jambes *nues.*

2.º Lorsqu'ils sont composés de deux noms unis par une préposition, on ne met la marque du pluriel qu'au premier. Ex.: *un chef-d'œuvre, des chefs-d'œuvre* ; un *arc-en-ciel,* des *arcs-en-ciel.*

3.º Lorsqu'ils sont composés d'un verbe ou d'une préposition et d'un nom, le nom seul prend la marque du pluriel. Ex.: un *entre-sol,* des *entre-sols.* Un *couvre-pied,* des *couvre-pieds.*

Le mot *chose,* est masculin dans *quelque chose;* on dit: *quelque chose de fin, de délicat. J'ai lu quelque chose qui m'a paru bon.*

Le mot *gens,* veut l'adjectif qui le suit au masculin, et celui qui le précède au féminin. Ex.: *les* vieilles *gens* sont soupçonneux.

Il faut cependant en excepter l'adjectif *tout,* lorsqu'il est devant un autre adjectif qui est terminé par un *e* muet au masculin;

tous les honnêtes gens; mais on dit : *toutes les bonnes gens.*

Sur les noms collectifs.

Quand un nom collectif partitif est suivi d'un autre nom, soit singulier, soit pluriel, l'adjectif, le pronom et le verbe qui suivent, s'accordent, non avec le collectif partitif, mais avec le nom qui le suit. Ex.:

La plupart du monde est facile *à tromper* et négligent *à s'instruire.*

Voilà une partie de votre temps fort mal employé.

La plupart des enfans sont légers. *Peu d'enfants sont* attentifs.

Mais si le nom est collectif général , qu'il soit suivi ou non d'un pluriel, l'adjectif, le pronom et le verbe s'accordent avec le collectif général , et non avec le nom qui le suit. Ex.: *l'armée des infidèles* fut *entièrement* défaite.

Les troupes de l'ennemi ont été taillées *en pièces.*

Il ne faut pas mettre l'article devant le nom qui suit les adverbes de quantité *beaucoup*, *peu*, *infiniment*, *pas*, *point*, etc. On le met bien , au contraire, quand l'adverbe est après le nom. Ex. : *Il a infiniment d'esprit. Il a de l'esprit infiniment* ; cependant on dit aussi: *il a bien de l'esprit.*

Dans le sens partitif , on ne met pas non

plus l'article devant l'adjectif. On ne dit pas: j'ai lu *des* bons livres ; mais, j'ai lu *de* bons livres.

Sur les pronoms.

Vous, au singulier, veut le verbe au pluriel ; mais l'adjectif suivant reste au singulier. Ex. *Mon fils, vous serez* estimé, *si vous êtes* sage.

Ne confondez pas le pronom *le , la , les,* avec l'article *le , la , les:* l'article est toujours joint à un nom ; *le père, la mère, les hommes.* Le pronom est toujours joint à un verbe; *Je le connois , je la respecte , je les estime.*

Ne confondez pas non plus le pronom *leur*, qui est invariable , avec l'adjectif possessif *leur* , qui prend *s* au pluriel. Le premier est toujours joint à un verbe ; *je leur ai parlé.* Le second est toujours joint à un nom ; *leurs livres , leurs devoirs.*

Le pronom *le*, employé pour un adjectif ou pour une proposition précédente, ne change ni de genre, ni de nombre ; ainsi, dans cet exemple: *Madame , êtes-vous malade ?* la réponse doit être: *Oui je* le *suis ,* et non *je* la *suis.*

Autre exemple :

Aristote croyoit que le monde étoit de toute éternité; mais Platon ne le *croyoit pas.*

Dans le premier exemple , le pronom *le*

représente l'adjectif *malade;* dans le second, il représente toute la proposition, *Aristote croyoit,* etc.

Les pronoms *lui, elle, eux, leur, qui,* ne peuvent être employés en régime composé pour représenter des choses inanimées, à moins qu'elles ne soient personnifiées; on y supplée par les pronoms *en, y, quel, quelle;* ainsi, en parlant d'un auteur, on dira: *Que pense-t-on de* lui? mais en parlant de ses ouvrages, on dira: *Qu'en pense-t-on?* et non *que pense-t-on* d'eux?

En parlant d'une maison, on ne dira pas: *je* lui *ajouterai,* ni *j'ajouterai* à elle *un pavillon;* mais: *j'y ajouterai un pavillon.*

On ne dit pas: *les sciences* à qui je *m'applique;* mais: *les sciences* auxquelles *je m'applique.*

On ne doit employer le pronom *soi,* qu'après un antécédent sing. vague et indéterminé. Ex.: *On ne doit jamais parler de* soi. *Chacun songe à* soi.

Il faut dire : *C'est en Dieu* que *nous devons mettre notre espérance,* et non: *en qui. C'est à vous même* que *je veux parler;* et non : *à qui.* Dans ces façons de parler, *que* n'est pas relatif, mais conjonction.

Ce devant le verbe *être,* veut ce verbe au singulier, excepté quand il est suivi de la troisième personne du pluriel; on dit: *c'est moi, c'est toi, c'est lui, c'est nous, c'est vous* qui; mais il faut dire : *ce sont eux, ce sont elles, ce* sont *vos ancêtres qui* ont *bâti cette maison.*

Celui-ci, celui-là, celle-ci, celle-là, ceci, cela, s'emploient de cette manière: *celui-ci, celle-ci, ceci,* pour désigner la personne ou la chose plus proche. *Celui-là, celle-là, cela,* pour désigner la personne ou la chose plus éloignée. Exemples :

Les deux philosophes Héraclite et Démocrite étoient d'un caractère bien différent : celui-ci *rioit toujours,* celui-là *pleuroit sans cesse.*

Je n'aime pas ceci, *donnez-moi* cela.

Le mot *personne,* employé comme pronom, est du masculin ; *je ne connois* personne *plus* heureux *que lui.* Mais *personne* employé comme nom est du féminin : *Cette* personne *est très* heureuse.

Sur l'adjectif.

Il ne faut pas confondre avec les participes actifs et neutres, certains adjectifs verbaux qui se terminent comme ces participes, mais qui sont susceptibles de genre et de nombre, comme dans ces exemples: *une perspective* riante ; *une couleur* approchante *de la vôtre.*

L'usage apprendra à distinguer ces adjectifs, et quelquefois le sens, qui est différent de celui du participe auquel ils correspondent, et par conséquent du verbe que forme le participe.

N'employez *son*, *sa*, *ses* avec un nom de chose inanimée, que lorsque ce nom est exprimé dans la même proposition ; ainsi, on dira bien : La Seine a *sa* source en Bourgogne ; mais on ne dira pas : Paris est beau, j'admire *ses* bâtiments. Il faut se servir du pronom *en* au lieu de l'adjectif possessif, et dire : Paris est beau, *j'en* admire les bâtiments.

On doit dire : *un des hommes les plus sages ; une des choses les plus nécessaires ;* et non : *un des hommes le plus sage ; une des choses la plus nécessaire.*

Le plus, mis devant l'adjectif, marque le superlatif relatif, et s'accorde avec le nom qui le précède. Ex. : *De toutes les planètes, la lune est* la plus apparente ; mais *le plus* peut aussi être pris dans un sens absolu, et alors il reste invariable. Ex. : *La lune ne nous éclaire pas tant que le soleil, lors même qu'elle est le plus brillante.*

Sur le verbe.

Accord du verbe avec son sujet.

Quand un verbe a deux sujets singuliers de la même personne, il doit cependant être mis au singulier, lorsqu'il n'y a qu'un des deux sujets qui est l'objet de l'affirmation qu'exprime le verbe. Ex. : *Il ne faut pas que l'univers entier s'arme pour écraser l'homme ;*

une vapeur, une goutte d'eau, suffit *pour le tuer.*

La crainte ou *l'impuissance les* empêcha *de remuer.*

Mais si les deux sujets sont de différente personne, il faut mettre le verbe au pluriel. Ex : *Ce sera vous ou votre frère qui partirez.*

Sur la place du sujet.

Le sujet d'un verbe, soit nom, soit pronom, se place après le verbe,

1.º Quand on interroge. Ex.: *Que penseront de vous les* honnêtes gens, *si vous n'êtes pas sage? Irai-je? viendras-tu? est-il arrivé?*

Cependant on ne peut toujours interroger ainsi à la première personne, parce que la prononciation seroit rude et désagréable; on ne doit pas dire, *cours-je? ments-je? sors-je?* Il faut changer la forme de l'interrogation, et dire, par exemple: *est-ce que je cours? est-ce que je ments? est-ce que je sors?* etc.

Remarq. Quand *je* est mis après un verbe terminé par un *e* muet, comme dans : porte-je? parle-je bien? On change l'*e* muet en *é* fermé: *porté-je? parlé-je* bien?

On trouve dans quelques auteurs : *dussai-je! puissai-je!* c'est un barbarisme; il faut, *dussé-je! puissé-je!*

2.º On met encore le sujet après le verbe dans certaines façons de parler ; comme dans ces exemples: *Je me croirai heureux, disoit* un bon roi, *quand je ferai le bonheur de mes sujets. Tel étoit* son avis. *Ainsi mourut* cet homme. *Il est arrivé* un grand malheur.

Remarq. Quand *il, elle , on,* sont après un verbe terminé par une voyelle , on ajoute *t* entre le verbe et le pronom , de cette manière : *appelle-t-il? viendra-t-elle? aime-t-on les paresseux?*

Sur le régime.

Un mot peut être régime de plusieurs verbes ou de plusieurs adjectifs, pourvu que ces verbes ou ces adjectifs ne veuillent pas un régime de forme différente. Ex. : *Cet homme est utile et cher* à sa famille. *Cet officier attaqua et prit* la ville. Mais on ne peut pas dire: *Cet homme est utile et chéri* de sa famille , parce que l'adjectif *utile* ne peut avoir pour régime *de sa famille.*

On ne peut pas dire : *Cet officier attaqua et se rendit maître* de la ville , parce que le verbe *attaquer* ne peut avoir pour régime *de la ville.*

Quand plusieurs verbes ou plusieurs adjectifs n'ont qu'un même régime, et le veulent, chacun , sous une forme différente, il faut mettre le nom après le premier des verbes ou des adjectifs, et employer des pronoms avec les autres. Ex. : *Cet officier attaqua la ville et s'en rendit maître.*

Le régime des verbes, quand c'est un pronom, se place avant le verbe ; cependant, avec le mode impératif, on le place après le verbe. Ex.: *Appelle*-le. *Parle·lui.*

Emploi du subjonctif.

Beaucoup de conjonctions et d'expressions conjonctives veulent le verbe qui suit, au subjonctif ; telles sont : *que, quoique, si ce n'est que, pourvu que, afin que, de peur que, de crainte que*, etc. Alors il faut construire la phrase de cette manière :

1.º Si le premier verbe est au présent ou au futur, mettez le verbe qui est après *que* au présent du subjonctif, s'il marque·un présent, et au prétérit, s'il marque un passé. Ex.:

Il faut
Il faudra que vous soyez *plus attentif.*
Je doute qu'il ait été content.

2.º Quand le premier verbe est à l'un des temps passés ou des conditionnels, mettez le second a l'imparfait du subjonctif, s'il marque un présent, et au plusque-parfait, s'il marque un passé. Ex.:

Il falloit
Il fallut
Il a fallu
Il eut fallu   que vous fussiez plus attentif,
Il avoit fallu   *ou*
Il faudroit   que vous eussiez été plus attentif.
Il auroit fallu

Sur les adverbes.

Tout, devant un nom, est adjectif; mais devant un adjectif, il est adverbe et invariable ; il signifie *entièrement.* Cependant, lorsqu'il est mis immédiatement devant un adjectif féminin qui commence par une consonne, il devient adjectif et prend le même genre et le même nombre que l'adjectif auquel il est joint. Ex.: *Des femmes* toutes *pénétrées de douleur.* De *l'eau de vie* toute *pure. Cette image* toute *belle qu'elle est.*

Devant tout autre adjectif, il ne varie point.

Quelque, suivi d'un nom, ne fait qu'un seul mot qui est adjectif et s'accorde avec le nom. Ex.: *On lit dans* quelques *auteurs.* Quelques *efforts que vous fassiez.* Quelques *richesses que vous ayez.*

Mais si le nom est placé avant *quel que* ou après le verbe, on écrit en deux mots séparés *quel que,* et l'on fait accorder *quel* avec le nom. Ex.: *Votre puissance* quelle *qu'elle soit. Je n'en excepte personne* quel *qu'il soit.* Quels que *soient vos engagements.*

Quelque, suivi d'un adjectif ou d'un adverbe, est adverbe lui-même, et ne varie point. Ex.: quelque *riches,* quelque *sages ,* quelque *puissants qu'ils soient.* Quelque *bien qu'ils se conduisent ;* quelque *adroitement qu'ils s'y prennent.*

Le *que* qui suit *quel* ou *quelque* est une conjonction.

Ne confondez pas *autour* et *alentour*. *Autour* peut être suivi d'un régime, *autour d'un trône; alentour* n'en est jamais suivi, *les échos d'alentour. Tourner à l'entour.*

Plus et *davantage* ne s'emploient pas toujours l'un pour l'autre. *Davantage* ne peut être suivi de la préposition *de* ni de la conjonction *que;* on ne dit pas : *il a* davantage *de brillant* que *de* solide; mais : plus *de brillant.* On ne dit pas non plus : *il se fie* davantage *à ses lumières* qu'à *celles des autres;* mais : *il se fie* plus *à ses lumières.*

Il ne faut pas employer *davantage* pour *le plus;* ne dites pas : *c'est la chose qui me plaît* davantage ; mais : *qui me plaît* le plus.

N'employez pas l'un pour l'autre, l'adjectif *prêt* à , qui signifie *disposé à*, et l'adverbe *près de* , qui signifie *sur le point de;* ne dites pas: *il est* prêt *à tomber;* mais : *il est* près *de tomber.*

Il ne faut pas confondre *avant* et *auparavant. Avant* est une préposition qui a toujours un régime; *avant l'âge, avant le temps.*

Auparavant, est un adverbe et n'a point de régime; *ne partez pas sitôt, venez me voir* auparavant.

Même, est tantôt adverbe et invariable, tantôt adjectif. L'adverbe peut être placé avant ou après le mot qu'il modifie ; l'adjectif suit toujours le nom. Ex. : *La raison et vos intéréts* même *l'ordonnent*, ou bien : *et* même *vos intéréts*, etc.

De nos maux n'accusons que nous-mêmes.

Aussi, *autant*, ne s'emploient pas l'un pour l'autre. *Aussi* se met avec les adjectifs : *aussi sage*. Autant s'emploie particulièrement avec les verbes : *il vaut* autant *se taire que de parler.*

Au travers est suivi de la préposition *de:* au travers *des ennemis.*

A travers n'en est pas suivi: à travers *les ennemis.*

En campagne ne se dit que du mouvement des troupes ; *l'armée est* en campagne. Mais il faut dire : *il a passé l'été* à la campagne. *Venez avec nous* à la campagne.

Remarques particulières sur la prononciation et l'orthographe.

De l'accent.

L'accent est une petite figure qui se met sur une voyelle, soit pour en faire connoître la prononciation, soit pour faire distinguer le sens d'un mot d'avec celui d'un autre mot qui s'écrit de même.

Il y a trois accents ; l'*aigu* ('), le *grave* (`),
et *le circonflexe* (^).

L'aigu se met sur l'é fermé ; *le grave*
sur l'è ouvert, sur *là* adverbe, pour le distinguer de *la* article ou pronom, sur *où* adverbe pour le distiguer d'*ou* conjonction ,
sur *à* préposition, pour le distinguer de *a* 3.ᵉ
personne du sing. du verbe avoir : le circonflexe se met sur les voyelles de certaines syllabes très-longues ; comme dans ces
mots : *âge, tête, gîte, flûte,* etc ; sur *dû,*
participe passif du verbe *devoir,* pour qu'on
ne le confonde pas avec *du* mis pour *de le.*

Du tréma.

On appelle *tréma,* deux petits points (¨)
qu'on met sur les voyelles *i , u , e ,* pour
indiquer qu'elles doivent être prononcées
séparément de celle qui précède ; comme
dans : *haïr, païen, ambiguë, Saül.*

Après l'*e* fermé , on ne met jamais le
tréma, parce que la voyelle qui suit en
est toujours détachée.

De la cédille.

On appelle *cédille* (¸), une petite figure
que l'on met sous le *c,* devant les voyelles *a,*
o, u, pour indiquer qu'on doit lui donner le
son de *s* ; comme dans *façade, leçon,*
reçu.

De

De l'apostrophe.

L'*apostrophe* (') marque le retranchement d'une des trois voyelles *a*, *e* (muet) , *i*.

A , *e* (muet) se retranchent dans *le* , *la* , *je*, *me*, *te*, *se*, *de*, *ne*, *que*, *ce*, quand ils sont suivis d'un mot qui commence par une voyelle ou *h* muet. Exemple.

Le, *l'homme*, pour *le homme*. *La*, *l'amitié*, pour *la amitié*. *Je j'aime*, pour *je aime*. *Me*, *je m'amuse*, pour *je me amuse*. *Te*, *il t'estime*, pour *il te estime*. *Se, il s'amuse*, pour *il se amuse*. *De*, *beaucoup d'amitié*, pour *de amitié*. *Ne*, *il n'aime pas*, pour *il ne aime pas*. *Que*, *qu'a-t-il fait ?* pour *que a-t-il fait ? Ce*, *c'est la vérité*, pour *ce est la vérité*.

E muet se retranche dans *entre*, devant *eux*, *elles*, *autres ; entr'eux*, *entr'elles*, *entr'autres*. Dans *jusque* devant *à*, *au*, *aux*, *ici; jusqu'à Paris*, *jusqu'au ciel*, *jusqu'ici*. Dans *quelque*, devant *un*, *une*, *autre; quelqu'un*, *quelqu'une*, *quelqu'autre*.

E muet dans *grande*, se retranche dans *grand'mère*, *grand'chambre*, *grand'chose*, etc.

I se retranche dans *si* devant *il*, *ils; s'il arrive*, *s'ils viennent*.

Sur quelques consonnes.

C se prononce comme *k* devant *a*, *o*, *u*, et devant les consonnes; *cabaret*, *colonne*, *cuve*, *clair*, *crayon*, *actuel*, etc. ; mais devant *e*, *i*, il se prononce comme *s ; céder*, *ciment.* On le prononce de la même manière, quand on met une cédille dessous ; comme, *façon*, *reçu*.

D final devant un mot qui commence par une voyelle ou un *h* muet, se prononce quelquefois comme *t : c'est un grand affronteur; le froid est extrême ; grand homme.*

F dans *neuf*, adjectif de nombre, se prononce comme *v* devant une voyelle, *neuf ans*, *neuf* hommes, prononcez *neuf*, comme s'il y avoit *neuv*.

G devant *a*, *o*, *u*, se prononce dur, et s'amollit devant *e*, *i*. La différence de ces deux prononciations se fait sentir dans *gagner*.

Gn forment une prononciation mouillée, comme dans: *digne, signal, agneau;* excepté dans *gnomonique*, *gnostique*, *progné* où le *g* est dur.

H est aspiré dans *héros;* on dit: *le héros.* Mais il est muet dans *héroïsme*, et les autres dérivés; on dit: l'*héroïsme de la vertu.*

L double, précédée de *ai*, *ei*, *oui*, au milieu des mots, et seule à la fin, se prononce ordinairement mouillée; comme dans ces mots : *travailler, veiller, fouiller, maille, travail, réveil, cercueil.*

Cette lettre se mouille aussi quelquefois, quand elle n'est précédée que d'un *i ;* comme dans : *fille, quille, briller.*

S, seule entre deux voyelles, se prononce comme *z* ; Ex. : *rose*, *ruse*, *raison*, *oser*, *user*, etc., ainsi que dans *balsamine*, et les mots qui commencent par *trans*, suivis d'une voyelle ; Ex. : *transalpine*.

T ne se prononce pas à la fin de ces mots, *respect*, *aspect*, même quand le mot suivant commence par une voyelle ou un *h* muet : ainsi, prononcez *respect humain*, comme s'il y avait, *respec humain*.

La première lettre des noms propres d'homme, de lieu, de fête, doit être une majuscule ; *David*, *Paris*, *la France*, *Pâques*.

Les noms de dignité commencent aussi par une majuscule, quand ils ne sont pas adjectifs, *le Roi*, *l'Empereur*.

Enfin, chaque phrase, et, dans la poésie, chaque vers doit commencer par une majuscule.

Quoiqu'il y ait deux *nn* dans *honneur*, il n'y en a qu'une dans *honorer*.

On écrit avec *mp*, *champ*, terre ; et avec *nt*, *chant*, l'action de chanter.

On écrit avec *mp*, *compter*, pour signifier calculer ; avec *m* seulement, *comte*, *comté*, titre de dignité : et avec *n*, *conte*, *conter*, pour signifier raconter.

On écrit ainsi *faim*, besoin de manger ; et *fin*, le terme où aboutit une chose· *la mort est* la fin *de la vie*.

Les mots formés d'autres mots gardent ordinairement la même orthographe qu'eux dans les syllabes qui ont le même son; *danse*, *danser*, *danseur*. *Place*, *placer*, *emplacement*, *remplacer*, etc.

On écrit *Caen*, *Laon*, *faon*, *paon*; et l'on prononce *Can*; *Lan*, *fan*, *pan*.

Il y a des mots qui sont terminés par une consonne qui ne se fait pas sentir à la prononciation. Pour connoître la consonne finale d'un mot, il faut comparer ce mot à ceux qui en dérivent; ainsi, on voit qu'il faut écrire; *échafaud*, *fond*, *drap*, puisqu'on dit: *échafauder*, *fonder*, *draper*.

Il y a des syllabes qui se prononcent comme *sion*, et qui s'écrivent, ou de cette manière, ou par *tion*, *xion*. Ex.: *pension*, *attention*, *réflexion*.

Devant *b*, *m*, *p*, *ph*, on emploie toujours le *m*, quoique la syllabe se prononce comme s'il y avoit *n*. Ex.: *emballer*, *emmener*, *emporter*, *emphase*.

FIN.